U0010665

15分鐘心理學家

我們該如何思考、為何思考、在思考什麼?

The 15-Minute Psychologist

安‧魯尼 著
Anne Rooney

張瑋 譯

晨星出版

目　次

前言
心理學到底是什麼？ 6

第1章
我們可以從大腦中學到什麼？ 16

第2章
是什麼在驅動你？ 32

第3章
你沒有自己的想法嗎？ 45

第4章
我為人人？還是人人為我？ 56

第5章
誰在乎名人怎麼想？ 62

第6章
縱容是否會寵壞孩子？ 70

第7章
道德感是天生的嗎？ 83

第8章
做白日夢是在浪費時間？ 90

第9章
你會重蹈覆轍嗎？ 100

第10章
你為什麼那麼愛賴床？ 109

第11章
有可能會無聊「死」嗎？ 119

第12章
你可以多殘酷？ 129

第13章
你幹嘛浪費我的時間？ 138

第14章
為什麼沒人肯挺身而出？ 147

第15章
這就是最好的「你」嗎？ 154

第16章
吃軟還是吃硬？ 167

第17章
你能辨別誰是精神病態嗎？ 174

第18章
你看到了什麼？ 183

第19章
暴力影像會讓你變得狂暴嗎？ 196

第20章
你進來這裡做什麼？ 208

第21章
介意回答幾個問題嗎？ 222

第22章
權力是否會腐化人心？ 230

第23章
你為什麼不趕快開始？ 244

第24章
你在eBay上搶標輸了，誰在乎啊？ 252

第25章
微笑會讓你開心嗎？ 262

第26章
孩子的思想發展真的
　　「只是一個階段」嗎？ 273

第27章
贏得頭彩——值得嗎？ 283

末頁 292
圖片授權 293

心理學到底是什麼？

　　人類的大腦是學習跟思考最強大的武器。不論你的興趣是什麼——藝術、政治、文學、體育、機械、天文、西洋棋——都是源自人腦，而你也是用你的腦來執行這些活動。頭腦在生病及健康時怎麼運作，這就是心理學的領域了。

　　了解我們如何思考、為何思考以及在思考什麼，是一千年來令人類著迷的主題。除了用比喻與故事的方式來表達我們的想法，一直到近期我們才在頭腦的運作方式上有了一點點的進展。

大腦與心智，身體及靈魂

　　十七世紀法國哲學及數學家笛卡兒（René Descartes）提出人體是遵守機械原理的，也因此照機械般地在運作。例如血液的流動可以用流體力學來解釋，而我們的骨頭與肌肉就是槓桿原理。但笛卡兒無法將靈魂如何賦予身體生命套進他的理論——日後這被稱為「機器中的幽靈」。

　　他說過「我思故我在」（在另一個哲學問題中），我們應該都同意主要是我們的心智造就了我們。理論上來說，你的肉體可以被任何大腦主宰（如果我們的醫學技術能夠做到大腦移植的話），這麼一來你的身體就不再被「你」控制，而是被住在那個身體裡的大腦控制。而我們認知的「我」便是存在於我們心智裡的身分，而我們的心智則是住在大腦裡（或是被大腦創造出來的）。

　　為了解釋存在大腦中的心智，人類曾轉向故事及宗教尋求解答。是不是上帝將精神或靈魂吹進我們的身體中？心靈是不是廣大宇宙的一部分，還是宇宙意識區塊掉落的一小片碎片？今日，我們對理解大腦如何運作更進一步了，儘管還是無法找到或定義「心靈」，但已經可以用腦神經學解釋許多大腦的運作方式。

心理學、精神病理學、腦神經學

心理學是門研究心理如何運作的學問；精神病理學在治療上運用了一些心理學的知識，來幫助精神出現毛病的人們；腦神經學則是關於大腦的生理和化學構造以及如何運作。在「神智如何運作」的研究中，心理學引用腦神經學來說明部分理論。

留意自己的狀況

我們大多數人都算是精神健康，或許偶爾會被一些常見的精神問題影響，就像我們的身體會生病一樣。你可能有時候會焦慮、情緒低落或是有強迫症（OCD）的情況，就像你可能會患有盲腸炎、濕疹或氣喘。

面具之下

對許多人來說，精神疾病比身體的疾病來得更加令人害怕。我們沒辦法用肉眼看見到底發生什麼事，因為看不到像是起紅疹或是扭到的四肢，便無法得知問題出在哪裡、有多嚴重。很多人對任何的精神疾病都感到害怕，儘管有些人是患有如強迫症或抑鬱等不會對任何人造成傷害的疾病，要知道精神疾病並不會像感冒一樣傳染。

當我們漸漸了解有些心理疾病是由於大腦中的化學物質不平衡或是結構上的偏差造成，或許人們會少擔心一點。畢竟大腦分泌太少多巴胺與胰臟分泌太少胰島素是沒什麼兩樣的（多巴胺分泌太少主要會造成憂鬱症及阿茲海默症；胰島素分泌太少會造成第一型糖尿病）。

我們是白老鼠

對大部分的人來說，心理學跟你我最相關的方面就是每天頭腦怎麼運作——我們如何學習、如何理解世界、怎麼跟別人互動以及我們是什麼樣的人。為了發掘這部分的「頭腦」，心理學家們常常在實驗室裡或是「田野」（指田野調

查，就是在社會上實地考察）中進行實驗或研究——例如提出問題或檢驗數據等等。只有透過觀察數量夠多的人類行為或發展，心理學家才能找出光譜上的中間值在哪，也就是我們通常稱呼的「正常」。有些心理學家僅專注於研究有運作障礙的腦袋，不只是因為運作失常的腦袋需要特殊的治療及對待，了解有運作障礙的腦袋可以幫助我們理解什麼是「正常」的腦袋。

艱困的工作

　　心理學的研究還牽扯著許多問題，當人們知道自己的行為正在被觀察，他們的反應常常會改變，這麼做可能有許多原因：想討好實驗者、想讓自己看起來像自己想要的樣子、故意做相反的反應，或者有可能是下意識地，因為在實驗室這種非常態的環境下使他們緊張。這意味著很多研究就必須在受試者不知情的情況下進行，那便會造成道德上的問題，有些指標性的心理學實驗如果是在今天就不會被道德委員會允許。在以往，受試者同意接受的實驗內容，往往跟實際發生的內容完全不同，而且有些實驗甚至有造成嚴重心理創傷

的風險，例如鼓勵他們做出事後會感到後悔的舉動。稍後我們將看到幾個可能會對受試者造成嚴重影響的心理實驗。

想法一致？

很難說實驗的結果可以延伸到一般大眾身上多廣，尤其是對來自不同文化背景的人們。受試者往往是某種特定的類型——那些已經準備好或自願參與實驗的人，因此並不一定是一般大眾的典型。有時候受試者還是從更特定的族群中挑選出來的——就讀心理學或心理學相關科系的學生，他們為了錢而同意參與實驗。例如從二十一歲美國大學生身上收集來的實驗結果，如何能延伸解釋年長的阿富汗牧羊人或孟加拉成衣廠工人的行為？抑或是西藏尼眾或甚至是巴西商業巨擘的行為呢？

我們所想的都一樣嗎？有多少想法是全人類之間相近的？又有多少是因我們的生活或成長方式造成的？

新的切入點

典型的心理學是在觀察我們的情緒狀態及行為。在過去，心理學家只能從我們說的話和做出的行為總結出大腦如何運作，大腦的生理結構則是屬於腦神經醫學的範疇。時至今日，心理學家們也可以運用不同的大腦掃描技術來看到腦內的活動，找出在某些時間點跟某種情緒下，我們的腦在做什麼。以結果來說，腦神經醫學跟心理學愈來愈接近，甚至進行一些合作。因此我們便會從「大腦可以告訴我們什麼」開始探討，接下來會更自由地漫遊在大腦跟精神的世界，只有偶爾會碰觸到生物學的基礎。

迫切的問題

心理學上有兩個巨大且首要的問題，涉及了哲學、進化生物學及法理的範圍。一個是：我們的心靈在多大程度內是自然的產物（我們的生物遺傳），又或者是養育的結果（我們的環境及成長背景）？另一個問題是：什麼樣的範疇可以被稱作「我們擁有自由意志」，所以必須為自己的行為負責？這兩個問題是重疊的。

本書中提出的一些問題是從我們的心理構造有多少是天生的、有多少是後天環境產生的面向來探討，第7章〈道德感是天生的嗎？〉及第18章〈你看到什麼？〉這兩章都談到了

比較人與猴子的面相以及人與牛的面相。在十八及十九世紀時很流行面相學，人們相信相由心生，很多該時期的作家，如狄更生、愛倫坡都將角色的長相描述放入他們的作品內。

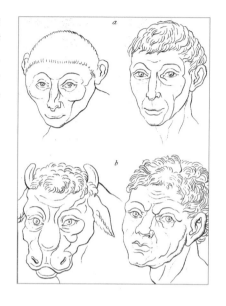

這個問題。這樣看來大腦的基本構造賦予了我們一些固有的天賦，例如學習語言以及理解所見事物等，這些是每個人類與生俱來的能力。換句話說，我們是周遭環境的產物。第6章〈縱容是否會寵壞孩子？〉跟第17章〈你能識別誰是精神病態嗎？〉這兩章都談到了成長背景如何影響一個人日後的精神健康。

　　如果我們的許多行為是取決於大腦的化學物質或結構，抑或是無法掌控的幼年因素，那我們還需要為自己的行為負責嗎？對於被認定精神上有問題的人，許多法律體系會讓他們負較少的法律責任，不過這是很特殊的抗辯。因為大腦結構異常，加上生長環境因素而殺人的精神病患還是會因為謀殺罪行被關起來。近來心理學家們甚至更深入地挖掘自由意志——這個「意志」的整體構造或許是個幻覺（見P.15）。如果人們註定會跟隨某種軌跡，那獎勵及懲罰的問題就會變得複雜。

請勿在家嘗試

　　這本書中提出的問題，整體來說，並非跟心理疾病相關，給出的建議也不是醫生的處方籤，請不要用此書來幫自己或其他人診斷心理上的問題。本書主要是希望可以一窺心智是怎麼運作的，但沒辦法提供一個斷定的答案，也無法含括所有心理學家的觀點。喔，對了，還有請不要自己在家裡重現書中的所有實驗。

自由意志是幻覺嗎？

　　針對正在活動中的大腦研究顯示，當我們以為我們自由地在做選擇時，大腦早就開始運作。在一個2008年的腦神經科學研究中，研究人員在受試者思考要用左手還是右手按按鈕時，使用一種腦部的掃描器來測量腦部的活動。他們發現，在受試者認為自己做好決定的好幾秒前，大腦早就啟動相關的神經元動作。

　　其他的實驗也發現相似的結果。當透過腦部掃描器來監測這些人，他們以為自己是出於自由意志來選擇活動身體的某部分，大腦負責動作的區域則在他們的身體移動前大約一秒就開始運作，要動作的「意識」跟動作本身實際上是同時發生的。這個結果顯示出如果我們有任何的自由意志，它並不在我們認為的地方。我們決定要動的這個感覺，是我們對腦中已經發生過的事的詮釋。很顯然地，大腦中某個我們沒注意的部分，早就決定了動作而且也開始運作了，然後我們才有這個想法：「喔，我知道了！我要動我的手。」但此時這個動作已經在發生，恐怖吧……。

　　也許那些覺得自己被外星人控制的人才是對的。

第1章

我們
可以從
大腦中
學到什麼？

我們沒辦法像觀察心臟那樣地觀察大腦的運作。

心理學是研究腦袋裡發生什麼事的學問——思考、學習、性格、作夢、欲望、人格形成、行為、判斷力，還有以上所有發生的問題。但它不像研究心臟之類的，沒辦法用機械的流程來直接觀察，所以科學家必須找出一些巧妙的方式來觀測我們的思考過程。

觀看我們的思想

　　早期的心理學家唯一可以直接看到大腦的方式，就是當大腦的主人已經死掉的時候，所有的心理學研究都需要透過測驗、觀察以及詢問活生生的大腦主人，那些方式到今天都還是非常實用。不過我們現在有了許多辦法可以觀察到正在運作中的大腦，但觀察大腦的運作帶出的疑問跟它能回答的問題一樣多。對大腦生物學的了解能帶領我們認識的有限，我們只能看出大腦有在運作，但看不出來它到底在做些什麼或如何運作；我們可以看到某個人在思考時神經細胞的放電，但看不出來那個人在想什

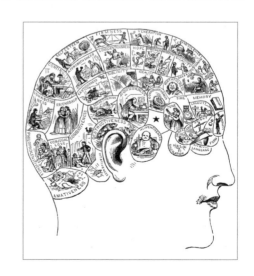

麼，或者為什麼他們有那種想法，又或是他們會如何記憶
（或遺忘）這件事。

腦神經科學——腦的基礎

　　大腦是由很多「神經元」（神經細胞）組成，神經元
負責製造神經活動，這裡說的「很多」大約是八百六十億
個。神經活動包含了例如從位於身體不同部位的感知系統接
收「訊息」，並透過傳送訊息來驅動身上其他部位的肌肉。
有些動作是有意識的，例如舉起手臂，有些則不是，例如心
跳加速。

　　大腦的不同部位負責不同的神經活動。眼睛接收到的
訊息會被傳送到位於大腦後方的視覺皮層，並在那邊進行處
理而後製造出我們所「見」的影像。情緒則是由杏仁核處
理，杏仁核是大腦深處的兩個小小的構造。

大小很重要

動物	神經元	動物	神經元
蒼蠅	100,000	蟑螂	1,000,000
老鼠	75,000,000	貓咪	1,000,000,000
狒狒	14,000,000,000	人類	86,000,000,000

大腦的各部位掌管什麼功能？

數千年來，要找出大腦哪個部位掌管什麼功能，只能透過觀察頭部受過傷的人，並記錄下他們的傷勢如何影響心理或生理功能以及情緒或行為。不同受傷部位造成的不同結果，是大腦不同部位掌管不同功能的良好指標（例如情緒、知覺、個性等）。屍體解剖揭露出的腦部損傷，可能與當事人活著時被注意到的改變或某部分功能受損有關。為了在大腦的運作上取得更有意義的見解，科學家們需要檢驗很多大腦，還需要很精密的科學儀器來進行，因此大腦一直到二十世紀都還是本闔上的書，即使到現在我們都還沒辦法一窺究竟。

大腦功能側化 （Lateralization of brain function）

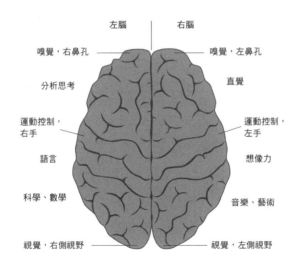

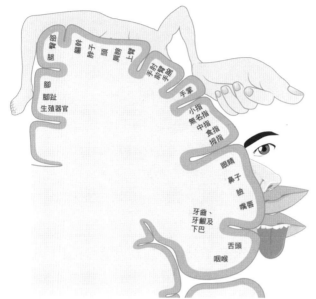

這個圖表顯示出大腦的哪些區域與來自身體不同部位的感覺輸入相對應。圖中身體各部位的大小比例顯示出大腦在接收訊號的過程中參與的比例多寡，因此圖中的手才會比腳大上許多。

倒楣的費尼斯・蓋吉（Phineas Gage）

　　大腦的特定部位可能負責不同功能的概念起源，是從一位美國鐵路工頭——費尼斯・蓋吉的醫學案例開始的。1848年9月13日，一根六公斤重、又長又尖銳的鐵條刺穿了蓋吉的頭，使他受到重傷。那根鐵條從臉頰穿入，再從他的左上頭頂穿出，並帶走一些腦部組織的碎片。他嘔吐後又把更多的腦吐出來，根據治療他的醫生所言，「大約有半個茶杯」的大腦掉在地上，主要的損傷是在他大腦的一部分額葉。

　　儘管他的朋友們已經幫他準備好棺材，蓋吉（見右頁）居然驚人地活了下來，但是個性卻有了相當大的轉變。他不再是從前那個禮貌友善的人，取而代之成為難相處又反社會

的性格（但不至於像傳說中那樣糟糕）。他的不善社交隨著時間有所進步，最後在智利駕駛驛馬車到終老。非常有可能是規律的新生活幫助了他的復原，在治療許多額葉受損的病患中，規律的活動被發現是有益的。

左右猶疑

大腦包括了兩半，或是稱兩個半球。各個半球有著一樣的結構，而且兩邊透過一束很粗的、稱作胼胝體的神經細胞束來互相溝通。羅傑・斯佩里（Roger W. Sperry）——美國神經生理學家，曾用切斷胼胝體的方式治療嚴重癲癇的病患，說明了大腦的兩個半球如何共同運作。切斷胼胝體聽起來很慘烈，事實上也是，但它確實治好了他們的癲癇症狀。斯佩里將左右腦的連結切斷後，左右手便如字面上所說的貌合神離，右手不知道左手在幹嘛。

剛開始的時候，除了緩解癲癇，這個手術在病患身上造成的影響似乎不大，但針對斯佩里的裂腦（split-brain）患者進行的調查很快就發現了重大改變。從這個過程中，斯佩里對於兩邊的大腦如何正常地共同運作有了新的見解。

他發現，如果將一張圖片呈現在右視野（資訊會由左腦處理），病人可以說出或寫出圖片中的物品名稱，但如果呈現在左視野，則沒辦法叫出那個物品，不過，還是可以透過用指的辨識出來。由此得出語言是由左腦處理的結論。

他還發現秀給左腦看的物品只能由左腦辨識。如果在左右視野分別出示不同的符號，然後要求病患畫出看到的，他們只會畫出左視野看到的東西。如果再請他們在不看的情況下形容他們畫的符號，他們會說出右視野看到的符號。原本由左視野看到的物品再由左視野看一次，大腦便可以辨識那個物品，但如果是由右視野看到就會無法辨識。

> 「『每個半球』本身確實是一個有意識的系統，在一個典型的人類層面上都可以感知、思考、記憶、推理、表達意願和表現情感，並且……左右半球可能在不同的、甚至相互衝突的、平行運行的心理體驗中同時有意識。」
> ——羅傑·斯佩里，1974

朝裡面看看

我們不用再等人死了以後才可以一窺他們的腦袋，現今有很多種方法可以監測或檢驗大腦的結構及活動：

- 電腦斷層掃描（CT）利用X光跟電腦建構出腦部的3D影像。它可以顯示出正常的大腦結構，也可以標記出損傷、腫瘤跟其他結構上的變異或異常。

- 腦波圖（EEG）監控大腦活動產生的腦波。它可以顯示一個人的甦醒狀態（例如睡眠、清醒狀態等），以及秀出大腦對刺激需要多久的時間產生反應，或者是顯示出當受試者做動作或受到刺激時的大腦活動區塊。

- 正子電腦斷層造影（PET）利用放射性標記氧或葡萄糖集中的地方，顯現出大腦的即時活動，這是利用大腦愈用力工作的地方愈需要氧氣跟葡萄糖的原理。這個方式在辨識大腦用哪個部分執行特定任務或有什麼功用時，非常地實用。

- 核磁共振（MRI）結合了電磁波與強力電磁場，用來偵測不同的組織，並拍下大腦精密的解剖影像。

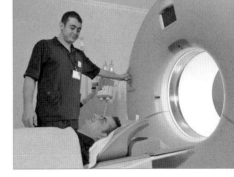

- 腦磁圖（MEG）收集了神經活動產生的微小磁波訊號。這個技術目前非常昂貴並且尚未被廣泛運用，但它提供了最精細的即時大腦運作指標。

這是第一次，腦部掃描讓心理學家能窺見不同的活動與行為運用到大腦的哪些部分。比較精神病殺手們的腦部掃描，發現他們都有共通的腦部異常（見P.175）。

左腦還是右腦？

在大眾心理學中，常見將「左腦」及「右腦」稱作功用或個性。假設你的左腦是主導，你在邏輯跟分析思考上會很拿手，而且比右腦思考的人還客觀很多。如果你是由右腦掌管，你會是直觀、有創造力、設想周到而且主觀的人。但這一切都是胡

說八道，幾乎所有的運作都是由兩邊的大腦近乎相等地執行，不同之處在於，一件事哪邊的腦負責的比較多是因不同的個體而異。

唯一有顯著差異的區域，如同斯佩里所發現的是在語言處理上。左腦主要處理語法及語意，而右腦則是擅長情感的內容以及語言上的細微差別，但就僅止於這樣，差異沒有大到足以建構起「左腦=邏輯，右腦=創意」。

用進廢退

如果心理學家只靠受損的大腦來做研究，他們的進步會非常緩慢，所幸健康、運作正常的腦也是一樣地管用。

倫敦大學學院的神經科學教授愛蓮娜・馬圭爾（Eleanor Mqguire）在2000年時利用核磁共振（MRI）的掃描來比較倫敦計程車司機以及控制組（一群年紀背景相仿的男子）的大腦。計程車司機們花了四年的時間來記住穿梭倫敦的兩萬五千條大街小巷，這在我們口語上稱作「知識」。馬圭爾的研究發現這些計程車司機的海馬迴很顯著地比控制組的大上許多，不僅指出海馬迴在導航及空間概念上的重要性，也顯現出大腦（或至少海馬迴）可以依使用習慣改變，像訓練肌肉一樣，利用反覆的練習來強化它。

擔任計程車司機時間愈長的人，這個差異愈明顯。在馬圭爾後續的研究中，於退休的計程車司機身上發現，他們不再用到這個「知識」，因此便沒那麼常鍛鍊到海馬迴，其尺寸就變回正常大小了。

實驗不可能讓司機邊開車、邊做核磁共振，但是馬圭爾利用一款可以在倫敦導航的電腦遊戲來觀察司機們的大腦運作。她發現海馬迴最活躍的時候是在任務剛開始時，司機們需要在腦中計劃路線。馬圭爾研究的重要性不只在發現大腦用哪個部位來導航，也在於發現大腦可以隨著刺激增加而改變——這個能力對於腦部受傷而需要恢復的人來說是個希望。

你只用了大腦的10%嗎？

另一個大眾心理學的迷思就是我們只用了大腦的10%，事實上我們使用了整個大腦，不過並不是在同一時間。儘管我們大部分人非常有可能在大部分的時間並沒有發揮大腦的全部潛能，但是大腦的所有區域都有它的功能，而你在一天內或一週之間也確實有用到這些功能。你總是可以做到更多——當你學習新技能時，你的腦會在神經元之間製造新的連結，以用來儲存知識和行為軌跡，但那些連結並不是萎靡空虛，像濟慈(John Keats)的詩描述那樣「獨自臉色蒼白的徘徊」在那等待被填滿內容。

罐中之腦

在我們有當代影像技術的很久很久之前，科學家以為如果能夠看到某人的大腦，便可以從外觀上看出差異，例如很聰明的人跟一般人，或是暴力罪犯跟奉公守法的人，但事情並非那麼簡單。舉例來說，聰明的人並不像我

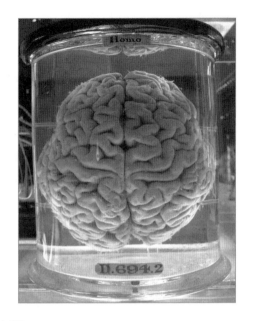

們以為的有尺寸比較大的腦。

當愛因斯坦在1955年過世的時候，他的大腦被摘除、檢驗，自此從世界上消失了二十年，一直到1978年又再度被發現。他的腦被切成了兩百四十片拿來做顯微鏡檢驗，這些切片對之後的研究人員來說是個累贅。愛因斯坦的腦跟「普通」的腦（那些不是諾貝爾物理學獎得主的腦）在尺寸上沒有差別，但在結構上卻有不同。愛因斯坦的腦裡缺乏了一些普通大腦中的特徵，而這被推測可能會幫助神經更容易連結。他的下額葉比其他人的大了15%，那個區域是用來運算、將動態視覺化，以及空間影像的認知，而他大腦之間的連結也比一般的腦還要多。

觀察死人的大腦也會幫助我們了解精神疾病，像是阿茲海默症患者的大腦顯示出大腦組織的流失與萎縮。

　　透過大腦掃描，我們可以看到當人們正在思考或是做夢的時候，大腦哪個部分的運作是對應到不同的活動，以及是否有腦部的異常或損傷。但我們「還」無法看到人們在想什麼。儘管在看到別人的思考內容這件事上會牽涉很大的隱私權爭議，但這也可能對那些因癱瘓而無法表達的人有很大的幫助。

想就對了！

　　腦機介面（BCI）裝置收集腦波並將它們直接傳送到電腦上，透過這個裝置便有可能訓練獼猴僅用牠們的念頭去移動物品。在實驗中，猴子的手臂被綁住，並且有一條粗細如頭髮的感應器被植入腦袋裡，用來偵測平常被送往手臂的訊號，牠們便是透過這個感應器來控制機器手臂。這個系統尚未被視為可以安全地用在人類身上。

在實驗中，獼猴用意念的力量移動機器手臂來餵食自己棉花糖跟水果。

心靈與身體——由誰主導？

笛卡兒努力解決身心之間如何相互作用的問題——舉手的精神意圖如何轉化為動作本身。實際上，大腦對身體的影響似乎遠不止於此。

最奇怪的精神障礙之一是罕見的科塔爾症候群（Cotard's syndrome），患有這種病症的人都認為他們已經死亡、不存在。直到腦部掃描技術出現之前，還沒有人解釋這是怎麼發生的，但最近的研究揭示了一些線索。似乎在科塔爾症候群中，完全缺乏感覺、邊緣系統和負責情緒的杏仁核之間的聯繫，結果是，無論患者看到、聽到、聞到或觸摸到的任何東西都完全不會引起情緒上的反應，因此合理化自身完全不參與世界的唯一方法就是斷定自己實際上已經死了。一些看似無可爭辯的且關於精神錯亂的證據（在最佳情況下這不是一個有效的術語）實際上有一個合理的基礎，大腦會查看其受損的自我所產生的證據，並得出似乎在所有方面都適用的結論。

「上帝呀，我的手臂斷了！」

根據神經科學家維萊亞努爾・拉馬錢德蘭（Vilayanur S. Ramachandran）的說法，許多抑鬱症和焦慮症患者經歷的極端去人格化和去現實感可能是由於類似的機制，但規模較小。暫時斷開連接或許能解釋出有據可查的現象，即人們在

壓力很大的時候沒有感覺到或意識到創傷。在緊急情況下，杏仁核關閉，位於大腦深處的前扣帶迴皮質（anterior cingulate cortex）變得異常活躍，這種結構可以使我們保持警覺，從而有助於對眼前發生的情況做出正確反應。戰鬥中的士兵的大腦會使用這種技巧，當他們的腿被炸掉時不會有什麼感覺。

> 烏克斯布里奇說：「天哪，先生，我的腿斷了！」
> 惠靈頓對此回答：「天啊，先生，所以你有！」
> ——烏克斯布里奇勳爵與惠靈頓公爵於1815年滑鐵盧戰役中的對話

不論健康或生病

我們都聽過身心症——並非由生理因素引起的身體疾病。有很多生理的症狀是與壓力、沮喪及極端情緒有關，包括頭痛、嘔吐、肚子痛跟肌肉痠痛。我們對安慰劑效應（placebo effect）很熟悉，那是用不含活性藥理成分的藥，但還是可以讓人們覺得好多了的治療方式。這是有被紀錄下來的，如果人們相信自己正在使用一種強力或有效的藥，即便他們拿到的只

是糖果，往往還是會好起來。很多人質疑至少有些替代療法是透過安慰劑發揮作用的——如果他們真的有藥效的話。

對於大腦可以控制身體到什麼程度，或許更使人吃驚的顯著證據是來自與安慰劑相反的「反安慰劑效應」（nocebo effect），這是指當無害的物質造成疾病或死亡時，僅僅只是因為當事人預期會產生有害的影響。在藥物實驗中，大約有25%拿到安慰劑的人，會出現他們事先被告知的從真正的藥物中伴隨而來的副作用。

……特別是生病時

因為被詛咒而死掉的人是反安慰劑效應的最佳案例。舉例來說，一個相信詛咒效果的巫毒教徒，即便沒有任何物理成因，往往也會因為自己受到詛咒而死亡。許多醫生注意到，很多病患在得知壞消息後不久便過世，甚至比生病原本的預估壽命還短許多。曾有個案例，一名參與藥物測試的年輕男子因服用過量他誤以為是抗憂鬱的藥物（二十九顆膠囊）而嚴重地不適，當他被告知自己是實驗的控制組，且吃進去的是無害的安慰劑時，他很快地就覺得好多了。甚至還有人建議香菸外盒的健康警示可以設計得讓人感覺更危害健康些。

第2章

是什麼
在驅動
你？

大腦的首要目標是幫助你存活下來，
接著才是去追求其他需求。

你為什麼會做這些你做的事？這存在著很多不同的動機。你做早餐是因為肚子餓，你去工作是因為需要錢，但當這些基本需求被滿足後，大概就會進階去做一些你認為會讓自己開心的事。

需求層次理論

1954年美國心理學家亞伯拉罕‧馬斯洛（Abraham Maslow）發表了一個說明人類動機的圖表，他說從這個「需求金字塔」可以看出需求的等級，而這些需求要依照階級順序來被滿足，嘗試去滿足這些需求，給予了所有人努力的動機。當一個需求被滿足後，我們便會將眼光放到下一個順序上。

餵養與灌溉

在馬斯洛的金字塔底端是最基礎的生理需求 —— 對食物、水、睡眠、空氣及維持身體運作的基本需求（有趣的是這部分也包括性）。當這些基本需求被滿足後，人們會進階到試著去滿足安全感，這不僅僅是指人身安全，還包含了心理的安全感，像是擁有穩定工作、有一間不會被奪走的房子，以及有一定程度的信心相信自己不會突然因為心臟病掛掉（馬斯洛就是心臟病掛掉的）。

儘管心理學家們已經大幅地從馬斯洛的金字塔理論進階到其他階段，這個金字塔還是廣泛地在商業研究跟社會學上被提及。

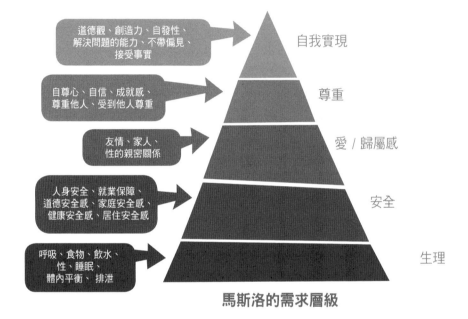

馬斯洛的需求層級

你和他們

緊接著安全感之後便可以進階到下一個需求，就是我們與其他人的關係。對於愛及歸屬感的需求會透過擁有家庭、朋友以及性的親密關係來滿足。守貞派的修女及修士在馬斯洛的世界裡沒有太大的存活機會。

接著下一個階段則是希望能備受推崇的需求——自尊及尊重，包含了自尊心和自信心，這不適用於不和其他人往來的隱士及獨來獨往的人。

　　金字塔頂端則是「自我實現」，在這個階段，人們的需求都被滿足，並且成為了自己想成為的那個人（見第15章〈這就是最好的「你」嗎？〉）。

馬斯洛的人文主義心理學

　　亞伯拉罕・馬斯洛（1908-70）出生於紐約，是家裡七個孩子中最年幼的。他被判定精神不穩定並飽受反猶太的歧視與霸凌，也與他母親關係很不好（馬斯洛不喜歡也不尊重她）。他後來在哥倫比亞大學與心理學家阿爾弗雷德・阿德勒（Alfred Adler）一同工作，阿德勒日後成為了馬斯洛的導師。馬斯洛下定決心要致力於健康心智的心理學，而不是遵守一般心理病理學的老路——致力於理解及修補有問題的心理。他發起探索是什麼激勵了人們，什麼是個人實力及成就感的源頭和驅動力——一門他稱之為「人文主義心理學」的學問。他在需求等級、自我實現以及高峰經驗方面的研究成果非常具有影響力。

需要與想要

　　需要與想要的不同之處在於需要
是可以被量化且有限的，想要則不
是。當我們的基本需求被滿足了，便
可以移動到下一個目標——所以當擁有了
足夠的空氣、食物和水，就不再需要更多
了（但我們可能喜歡有不同種類的食物，
或加一個其實不需要的布丁）。想要則是
無限的，我們可能會想要手機，但有了一
支後，就想要一支更好的，或是想要一台相機、大車子。欲
望是永遠不會滿足的，因為總是會有新的欲望一直產生，就
像希臘神話中總是會生出兩顆新腦袋的九頭蛇。

堅忍不拔與憤世忌俗

　　犬儒主義（Cynicism）與斯多葛主義（Stoicism）的哲
學運動以及某些東方宗教，編織了一條通往平靜、充滿啟示
或自我實現的道路，這條路繞過許多馬斯洛宣稱需要被滿足
的「需求」。的確，他們傾向相信要滿足這些就必須將自身
昇華到需求之上，而不是滿足需求。比起總是為了升遷、更
大螢幕的電視、更多存款而煩惱的人，能學會不被未滿足的
需求困擾的人更能享受平靜且令人滿足的生活。

行動和動機

　　馬斯洛提出需求的層級驅動了人們的行為。如果我們餓了，首先會去找吃的；如果我們睡眠不足，就會驅動我們的行為，確保自己有安全的時間跟空間去休息。當一個層級的需求被滿足了，就會驅使我們去滿足下個等級的需求。馬斯洛表示，人們沒辦法按照順序地去照顧這些需求，只能聽需求的話行事，例如當人們不需為食物煩惱時，才能顧到就業保障。

　　唯獨只有在低階的需求被滿足後，才能試著去滿足自我實現的需求，因此，我們之中有非常少的人（或許百分之一或二）因為無法滿足低階的需求，而永遠沒辦法自我實現。那是相當令人沮喪的遠景，而這肯定讓馬斯洛感到非常失望，畢竟他的希望就是找出心理學快樂的一面。

　　但事實上真的是這樣嗎？

希臘哲學家錫諾普的第歐根尼（Diogenes）避免自己持有財產，他近乎裸體地住在市場一個廢棄的水缸裡，吃的是別人給的食物殘渣。他完整的自我實現據說讓亞歷山大大帝都注意到，甚至說自己若當不成亞歷山大，希望能成為錫普諾的第歐根尼。

你或許認為需要一支智慧型手機來讓自己過得更有效率——但這會不會只是個錯誤的嘗試，想要滿足你自尊跟認同的需求？

有什麼新鮮事？

數千年來，哲學家及宗教將馬斯洛認為是高級需求與低級需求的衝動相提並論，他們與馬斯洛間的關係是互相衝突而非有所進展的。第根歐尼想要否認或壓抑的那些喜好，但馬斯洛異於尋常地認知到它們的重要性（甚至可以說是至高無上的程度）。對馬斯洛來說，當生理需求被滿足時，就有可能達成更遠大的事情，但不是將這些需求屏蔽起來。

根據馬斯洛的邏輯，肉體的腐壞並不會讓心靈自由而專注於更高等的事物，反而會讓它更牢固地箝制在肉體的需要上。他非常可能會說比起穿襯衫，穿著舒服的套頭衫才更有可能達到智識上的成就。

誰？何時？在哪裏？

　　馬斯洛在研究有限的測試者群體樣本後，畫出了他的需求分級表，這個分級表是偏向美國白人男性所關心的內容。如果是依照馬斯洛的標準，耶穌基督不可能完成他的自我實現——在馬棚出生，有一對貧窮且誓言守貞的父母，他在第一個階段就失敗了。更籠統地來說，馬斯洛的分級在時間、地點都不同的前提下，無法套用在非常不同的文化或社會上。1950年代的美國是個人主義掛帥的社會，在一個人們團結一致，為的是家庭或社會整體而非個人發展的社會中，馬斯洛的分級金字塔要如何立足？

　　很顯然地，即使在個人主義掛帥的社會，有些需求可以被忽略，而人們還是可以達到自我實現。無數有才華的人生活在貧窮或疾病中，沒有社會保險也缺乏人身安全，但他們有辦法做出精彩的作品。貝多芬是聾的，索忍尼（Solzhenitsyn）身陷大牢，瑪麗·居禮（Marie Curie）因為輻射疾病在死亡邊緣，佛萊迪·墨裘瑞（Freddie Murcury）患上愛滋，他們有些偉大的作品、成就是在這樣的情況中產生。逆境甚至能成為自我實現的刺激。

　　有些實驗比較了美國與中東在戰爭與和平時期對需求的感知，在需求的先後順序上得出了顯著的差異。有些需求也會隨著年紀改變——對孩子們來說，生理需求以及對愛的需求是比較優先的，而青少年及已成年的年輕人則更在意自尊。

《現在別阻止我》（Don't Stop Me Now）這首歌由於佛萊迪‧墨裘瑞的健康狀況，當初是用一次一句歌詞的方式進行錄音的，但這卻是自我實現的終極讚頌曲。

更多還是更少層的金字塔？

馬斯洛的金字塔在1960、70年代時被擴展到七、甚至是八層。新增的階級是認知以及美學的需求，他們被安插在自我實現及超越自我的需求之下（非常60年代的氛圍，是位在最上方的階層）。認知的需求指的是對知識及意義的渴求；美學的需求則是與欣賞美麗的事物、形體跟平衡有關；超越自我的需求則涵蓋了幫助他人自我實現。

制衡性與暴力

心理學之父佛洛伊德將人格分為三階段：本我、自我以及超我。本我是不受限制的直覺、熱情，以及在性滿足及一場好的打鬥後產生的飢渴及欲望。本我被自我控制，自我幫助本我避開許多衝突好在世界上找到一條出路。超我是類似意識的東西，他可以避免本我一些太異於尋常的念頭成形。本我是主要的驅動力，而自我及超我則負責控制本我。

ERG需要理論

美國心理學家克雷頓・奧爾德弗（Clayton Paul Alderfer，1940年生）建構了稍微不同的馬斯洛分級，他將這些需求歸類為增進生存、相互關係及成長發展（ERG）。奧爾德弗將馬斯洛分級中最低的層級視為與生理上「存活」相關，與社會地位、人際關係有關的需求分類到「相互關係」，而和自尊及自我實現有關的需求則被他標記到「成長發展」。

奧爾德弗在他的圖表中替「挫折」留了個位子，如果較高階的需求沒被滿足，該個體就會下滑一層，並且在低一階的需求上加倍努力想藉此來滿足較高階需求。我們每天都可以看到某些人們認為若能賺更多錢與買更多「東西」會讓自己滿足、開心，但這種試著透過得到實體物品來滿足精神上的需求是註定要失敗的。

一切都很美好

當許多心理學家正在將新的分級塞進馬斯洛的金字塔時，有些則積極地想拆除它，取而代之的系統提出了一個更平行的需求平面。

智利的德國裔經濟、環境學家曼弗雷德・麥克斯・尼夫（Manfred Max-Neef）提出了一種分類，在此分類中將人類需求視為相互關係與相互依存的。他將之歸類為：

‧生活　　‧保護　　‧感情　　‧理解

‧參與　　‧休閒　　‧創造　　‧認同　　‧自由

　　利用將他們分類到生存（特質）、擁有（物品）、活動（行動）及互動（環境），他建造出一個有著三十六個項目的模型。

　　這些基本的人類需求不需要遵守任何特殊順序來被滿足，而有些被滿足的需求也會同時滿足其他的需求。這些需求不用形成分級制度，但一個社會要繁榮，人們必須感到這些需求都有被滿足。透過滿足這些需求，給予了群體可以辨識跟丈量「富有」和「貧窮」的方法。

無法滿足

　　很顯然地，麥克斯‧尼夫有著大量的需求個案可以用來被歸類，因為他還提出了六種「滿足法」或稱為滿足（或未能滿足）需求的模式，包含：

‧違規法：這個模式宣稱能滿足需求，但實際上卻使得情況更糟糕。例如擁有武器來滿足人身安全的需求。

‧冒牌滿足法：這個模式宣稱能滿足需求，但實際上有著很小或甚至根本沒有影響力。例如穿著名牌服飾來讓你自己有歸屬感及滿足身分認同，然而這份認同是屬於衣服本身，並非穿它的人。

‧壓抑滿足法：這個模式則是過於滿足需求，以致讓其他需

求更難以被滿足。舉例來說，若父母太細心，會讓他們的孩子更難獨立，及更難建立根植於他們自身責任感中的安全感。

· 單獨滿足法：這個模式只會滿足單項需求，並不會對其他部分造成影響。例如提供食物給飢餓的人幫助他們滿足對食物的需求，但這並未滿足居住或是暖氣的需求，又或者改善他們未來對於食物的保障。政府級慈善單位往往落入這個分類。

· 連帶滿足法：這個模式在滿足某個特殊需求的同時，也幫忙滿足了其他的需求。例如在學校提供營養且免費的餐點，除了給了學童食物，也幫助他們建立健康飲食的觀念，以及培養群體概念。

哺餵母乳是連帶滿足法：它提供了嬰兒養分，同時也增強免疫力，增進情感、親密感與親子間的連結，還有建立愛。（見第6章〈縱容是否會寵壞孩子？〉）

得到你需要的了？

　　要滿足我們需要的第一步就是要認得他們。除非我們選擇像馬斯洛的分級表或麥克斯・尼夫的分類表等此種圖表澎湃包，不然就需要自己努力找出自己的目標是什麼，這個說比做容易，從心靈雞湯類書籍的廣大市場就能看出來。對許多人來說，真正的目標是想要快樂，但這要怎麼達成呢？

第3章

你沒有
自己的想法嗎？

你可能相信自己知道自己在想什麼 —— 但我們大部分的人都很容易動搖而改變主意。

想像一下：你正在看選秀節目，然後大家都支持你討厭的那個參賽者，你會獨排眾議地批評受歡迎的那個參賽者嗎？或是你會隨波逐流，甚至可能覺得那個傢伙其實並沒有那麼糟？畢竟如果你的朋友們全都喜歡他的演出，也許你漏看了些什麼……。

許多心理學實驗顯示，我們順應壓力的抵抗力比我們以為的還要弱，我們會應和別人的觀點，即便是不順應著也不會怎麼樣的時候，但為什麼你要順著別人的意思呢？

阿希從眾實驗

1951年，波蘭社會心理學家索羅門·阿希（Solomon Asch 1907-96）在賓州史爾茲摩爾學院（Swarthmore College）完成了一項劃時代的實驗。實驗的主要部分是將一位受試者安排在七位扮演自願受試者的人中，這七個人其實是阿希部署好要照腳本演出的共謀。

他們給這組人看兩張卡片，其中一張上面有一條線，另一張則有三條不同長短的線，且其中一條線與前一張卡片上的線相同。這組人被要求說出ABC這三條線哪條跟另張卡片上單獨的線一樣，他們重複了許多次相同的過程。第一次實驗中，演員們說出了正確的答案，但在之後他們全說出一樣的錯誤答案，實驗並安排在所有的演員說出自己的答案之後，才讓真正的受試者回答。阿希對於受試者會不會被其他

錯誤的答案動搖感到很有興趣。

在控制組的實驗中,受試者必須在沒有其他人在場的情況下給出答案,因此也沒有順應其他人意見的壓力。受試者說出錯誤答案的機率小於百分之一,這表示問題並非特別難。

而真正的實驗中,當演員們說出錯誤答案的時候,受試者有33%的機率說出錯誤答案,另外有75%的受試者至少答錯一次。阿希在實驗後訪問參與者,說明實驗真正的目的並紀錄下他們如何解釋自己的行為。

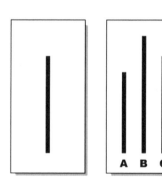

阿希從眾實驗中的受試者,必須說出右邊卡片中的哪條線跟左邊卡片上的線是一樣的。

沿著正確的路線?

順應了群組答案的人無論答案是否正確,他們可能有著以下的情況:

• 真的相信錯誤答案是對的——相對較少的人落在這個群組

- 當達到某種程度他們意識到其他人都同意跟自己不一樣的答案時，那自己一定是錯了——阿希稱這個為「判斷失誤」
- 意識到其他人都答錯了，但為了不要讓自己變成奇怪的人，或是看起來處於劣勢，只好同意其他人的答案——阿希稱之為「行為失誤」

　　如果在其他人都同意另一個答案時，有較多的人會決定自己一定是錯的，這就將他們歸到「判斷失誤」的群組中。

　　而在那些沒有順應集體意識的人中，他們可能是：

- 即便覺得有點掙扎，仍然充滿信心地表示不同意
- 行動自如、毫不掙扎
- 表現出猶豫，但仍然提出認為是對的答案，因為他們認為需要確實地完成任務

彼此彼此

　　在不同的從眾實驗中，阿希發現如果群體裡有另一個人給出正確答案，或是受試者可以用書寫的方式記錄下他們的答案，而不是公開表達，那順應群體的情況就會減少。這表示與其為了知道答案或是為自己與大家意見相左挺身而出而掙扎，他們更不想讓自己因為提出「錯誤」的答案而在其他參與者眼中看起來很笨。

　　阿希把他的實驗結果作為在社會規範下影響的證據——也就是說，人們傾向順應大眾的主流意見或看法好讓自己被

群體接受，即便他們私底下可能不同意或拒絕那個觀點。但社會心理學家約翰・透納（John Turner）提出異議，表示那些受試者在訪談中透露自己真的對正確答案不太確定，正確的答

案對研究人員來說也許很顯而易見，但不見得對受試者來說也是如此（儘管看著那兩張卡片也很難想像人們怎麼會把答案搞錯）。他們是真的對答案有疑慮，還是他們試圖說服自己有疑慮，因為比起同意一個錯的決定，他們寧願將自己視為很不會比較線條的人？約翰・透納建立了一個自我分類理論，這個理論用來對應我們如何看待自己，以及如何解讀自己的行為。

同儕壓力

阿希實驗也用來測試同儕壓力，這是一種在社交群體中我們全都感受到（且很多人會遵守）要順應標準的壓力。並不是單純看到廣告就讓你購入特定品牌的手機或球鞋，如果身邊的人有這些東西，你也會因此動搖。若這些感覺敏銳的人（在你尊崇、屬於或希望加入的社交圈中）選擇了某個特

定的產品，他們就一定是對的嗎？同儕壓力被用來解釋為什麼年輕人學會抽煙、未成年性行為還有網路霸凌。

　　廣告商推銷一種「像你一樣」成功、迷人、有智慧的人都會購買、使用他們產品的形象，因此即便周圍的人並沒有實際使用這個產品，你還是會覺得自己要跟上潮流，不然就會像個局外人。你是個迷人、聰明的人不是嗎？那你怎麼沒有這隻錶、這支手機或這台車——這些象徵你時尚徽章的東西。當你認識的人全都有最新最屌的手機時，去買一支便宜、俗氣的手機需要相當的自信。

　　同儕壓力因此也被不近人性地故意用在生活中的其他地方，例如雇主會舉辦團體活動，像是週末野外求生營、派對和其他社交活動來培養員工之間不只是同事而更像是朋友的信念。如果你覺得自己屬於某個群體，這個群體的成員都早早就來上班而且努力工作，你非常有可能也會照做。

沒什麼大不了

　　阿希從眾實驗並不危險，他沒有要求參加者做任何不道德或特別令人不舒服的事。對一個不屈服的人來說，可預見最糟糕的事就是被他不認識的人笑，而對順從的人來說，最糟糕的則是當實驗的真正目的揭曉時帶來的尷尬。但這只是冰山一角，同儕壓力的力量是很容易被低估的，人們為了成為某個族群的一員願意附和到什麼樣的程度？他們似乎願意做出先前自己認為不可思議的行為。

同儕壓力──是誰在對誰施壓？

　　當我們想到同儕壓力，容易想像成「同伴們」強迫某人去做某件事──例如抽菸、喝酒，那是確實會發生的沒錯，但更多壓力是來自我們自己，我們想要成為從事危險行為或是服用派對藥物的群體一員，因為那些人很酷，我們也想要被認為很酷、想要自己覺得自己很酷。內在的壓力比外在壓力更強迫，並且潛在更多危險。

第三波

1967年在加州的帕羅奧圖市，歷史老師羅恩·瓊斯（Ron Jonse）想說服他教的高中學生關於法西斯主義曾經如何穩固且快速地在納粹德國扎根，但在說服時遇到了困難。值得讚許

的是，這些學生難以相信那些平凡、聰明的德國民眾，會相信一個最後導向毒氣室以及想建立萬年帝國的野心思想。瓊斯無法用平常的教學方法讓學生們接受這件事，因此決定秀給他們看。

他開始了一個他稱為「第三波」的運動，而這波運動的宗旨是推翻民主。你可能以為這個目標會分化這群學生，但瓊斯造就了一個具說服力的案例——一個可以達到更高標準績效、更好的體系，因此也可以給個體更棒的獎賞。他說，民主制度的問題在於它太專注在每個個體，因而減弱了群體的力量。

滑坡謬誤

第一天，瓊斯堅持學生提問或回答問題時要起立，每次發言前都要稱呼他「瓊斯先生」，座位要遵照他的安排，而且在課

> 「通過紀律加強力量，通過社群加強力量，通過行動加強力量，通過自豪加強力量。」
>
> —— 瓊斯的第三波集團的座右銘

堂上要遵守嚴格的紀律。由於扮演獨裁的角色，他讓課堂的效率有了相當的進步。原本他打算第一天之後就結束這個實驗，但進展順利，因此便讓實驗更進一步。

第二天，他教學生行禮，並要求他們即使在課堂外也要用這種方式跟彼此打招呼，學生們都乖乖執行，且群體間發展出意想不到的凝聚力和自律。人們喜歡歸屬感，愈特別的歸屬似乎愈能讓他們想要參與。到了第三天，這個「運動」已經擴散到歷史課以外的範疇，有其他的學生也要求加入。這個全體參與的學術表演與運動有了戲劇化的進展，瓊斯指派個別的任務給成員們，例如設計布條以及教他們如何吸收新成員，並請他們把非成員排除在他的教室之外，而在第三天的尾聲時，已經多達兩百名成員（這個活動一開始只有瓊斯班上的三十個學生），有些成員自發性地開始告發違反許多規定的人。這個活動至此已經演變成自我監控的運動了。

每況愈下

　　到第四天，瓊斯覺得實驗已經失控，所以想要結束，他告訴所有成員說這個運動是隔天即將宣布的國家運動的一部分，他們需在中午參加共同集會，並在集會上觀看這個運動的領導候選人影片。當學生們到場後，他告訴學生們說他們參與了法西斯主義的實驗，大家都自願且迅速地將自己融入群體，而且這個群體確信自身較他人優越，接著他播放了一部關於納粹德國的影片。一針見血！

那麼你覺得自己是誰？

　　依照心理學家溫蒂‧特雷諾爾（Wendy Treynor）所說，「身分認同轉移效應」在我們向同儕壓力屈服的時候發揮作用，我們害怕自己的行為如果不符合群體的標準會被排斥。首先，當我們調整行為以便融入，會覺得不自在，因為我們的行為並不符合自己的信仰或標準，這就是「認知失調」（cognitive dissonance，見P.253）。為了除去內在的矛盾，我們調整了標準以適應剛剛才採用的標準，這便會把我們帶回內在與外在均無衝突的和諧狀態，並處在一個融入同伴的快樂境況中，大家都會開心，但有時他們是快樂的納粹分子

上千本的書在火堆中熊熊燃燒，周圍的德國人群則向納粹致敬。

第4章

我為人人？
還是人人
為我？

我們天生是自私還是慷慨？或者慷慨只是另一種自私？

如果任由生性自由發展，我們會很厚道地對待彼此，還是既野蠻又自私？心理學家和哲學家為了兩種意見爭執已久。自私基因原理及生物學可以分別替兩方辯論——這對你個人而言是好的，可以進一步延伸你自身以及家族的基因；但對整個物種來說，我們互相合作及善待彼此會比較好。

野生的人類

　　如果我們可以調查「野生」的人類，就可以測試天生的行為，避開數千年流傳下來的社會禮貌外殼。但是我們沒辦法，即便是二十世紀研究非工業化社會的人類學家，仍舊是用帶著規則的方式在

> 「她真是個好朋友，甚至可以把她認識的人全都丟進水裡只為了再次把他們救上來的快感。」
> ——夏爾·莫里斯·德塔列朗
> (Charles Maurice de Talleyrand 1754-1838)

觀看社會，這些規則要麼強化、要麼隱藏了原先可能是天生的行為。儘管如此，人類是動物，而我們可以觀察動物，看看同情心與無私的行為是不是天生的特質。如果其他動物天生會互助，甚至是利他的，那也許人類也是。

老鼠比你善良嗎？

想到老鼠，我們容易聯想到骯髒、細菌跟邪惡，但牠們（也）是聰明跟利他的。1958年的研究發現若按下開關可以得到食物並電擊另一隻老鼠，老鼠們會選擇讓自己餓肚子。

1967年有個更精細的實驗進一步地探索——籠子內有兩個遞送食物的開關，一個很容易操作，另一個則非常困難，老鼠們很明智地使用了簡單的開關。但當系統改變，使用簡單開關會讓第二群老鼠受到電擊時，那麼原本的老鼠們會合力使用困難的開關。

2011年，一個在芝加哥的實驗發現老鼠的利他性甚至延伸到更遠。實驗中讓牠們選擇看是要啟動開關來釋放一隻被困住的老鼠，或是吃巧克力。牠們先釋放了那隻被困住的老鼠，接著再大家一起分享巧克力。那些老鼠大可先把巧克力吃掉再放出另外一隻，但牠們選擇了分享。

利他主義對你來說是有益的嗎？

猴子們花很多時間替彼此理毛，這很顯然是善良的舉動，並且對群體有明顯的益處。理毛有助於個體間建立連結，讓群體更強大。它可以減少寄生蟲，讓群體更健康，也讓每個個體都受益，但還不止這樣。

被趕出洞穴

如果人類天生就有「人人為我」的態度，我們可以預見無法產生實際功用的個體會被屏除在資源缺乏的社會之外，但證據顯示了情況並非如此。在一些史前穴居者的遺骸上發現，有跡象顯示他們有嚴重的傷勢或是失能，以

此為在越南北部發現的一具史前殘障人士骨骸，考古學家得出的結論是此人幾乎無法使用雙臂，也無法養活自己，只有得到社群中其他成員的照顧，他才能有機會活到成年。

至於無法採集、準備食物，或是執行其他重要的任務。有些人很明顯地被細心照顧到年紀很大，或是在失能之後被照顧了相當長一段時間。

四千年前，有一個二十多歲的男子被葬在北越，他因為基因的缺陷從青少年時期就嚴重失能，在那之後還存活了十年，這證明了即使他無法對群體有貢獻，人們還是會照顧他。在伊拉克發現的一具四萬五千年前嚴重殘障的男人骨骸；還有一個五十三萬年前，頭骨嚴重受損的孩童頭顱在西班牙被發現，這些例子顯示了「社群關懷」可以追溯到非常久遠以前。

有些科學家指出，動物間（以及人類間）的利他主義可以讓個體在伴侶眼中更有吸引力。不只是因為他們很良善，也是由於這表示了有多餘的資源可利用。一個有多餘時間可
以幫兄弟姊妹理毛的伴侶，一定是因為他很擅長尋找食物。

倫敦羅漢普頓大學（Roehampton University）的史都華・賽普爾（Stuart Semple）研究巴巴利獼猴之間的理毛行為與壓力。他發現替別人理毛的猴子，比不這麼做的猴子壓力程度低。完全放鬆跟無壓力可能使猴子們更願意去梳理牠們的鄰居，而不是因為理毛可以減輕壓力——沒有更多的研究我們沒辦法確定因果關係。

「不要躲在是否該給乞丐一枚銅板那麼膚淺的議題後面，那才不是問題。問題在於不給他那枚銅板的話，你有或沒有存在的權利。問題是在你是否需要一分錢一分錢地從每個接近你的乞丐身上買下你的人生。問題是在是否別人的需求是你人生的首要抵押物，也是你存在的道德目的。問題是在於人類是否被視為犧牲的動物。任何有自尊的人都會回答『不』，而利他主義者則說『對』。」

——艾茵・蘭德（Ayn Rand），1960

所以利他主義是自私的嗎？

　　很有可能。幫助他人讓我們感覺良好，也獲得尊重。有些人為了避開社會的關注而匿名捐獻，但仍從做好事中獲得個人的滿足感，甚至可能從避開大眾的讚聲中得到更多額外的滿足。

　　就物種的存活來說，利他主義是有用的，在演化上使我們在為善的時候感覺良好是有益處的。只是不要認為你做好事的時候就等於可以征服道德頂峰，因為我們知道你真的很享受這種感覺。

有很多報導描述了海豚會幫助在海上遇到麻煩的人，牠們幫游泳的人漂浮，以及嚇跑想來攻擊人類的鯊魚。人們也知道牠們會引導迷航的鯨魚回到深水中

第5章

誰在乎名人
怎麼想？

有些人會唱歌並不意味著他們懂政治或其他的事。

歌星既有名又成功是因為他們很會唱歌，演員則是因為擅長演戲，運動員因為很會運動，模特兒因為他們長得很好看。如果你要舉很會唱歌、演戲、運動或長得好看的例子來比較，你都無法打敗他們。但你為何會在意他們涉足或代為發聲的，關乎政治、慈善、育兒、減肥、烹飪或其他議題上的想法呢？

　　這叫做「光環效應」。

他看起來是個好人

　　1920年，美國心理家愛德華‧桑代克（Edward Thorndike）發表了針對指揮官如何替自己管理的士兵打分數的研究發現。指揮官需要評鑑他們的身體特質（例如整潔、聲音及儀態）、智力、領導技能以及個人特質（包含可靠性、忠誠度及無私）。長官們容易傾向要麼就覺得他們全面性的好，要麼幾乎樣樣都差，很少有例子是指揮官在某些項目上評價好，而某些項目差的。

　　這樣看起來我們似乎有將一個屬性概括至另一個屬性的傾向，因此，對某個人的好印象很有可能會延伸到個性的其他部分。相反地，如果我們反對某人，就會認定他們爛得徹頭徹尾。這不只包含了相關的特點（如果某人既刻薄又自私，認定他們就是不會幫忙而且小器似乎就很合理），但這也會延伸到其他不相干的方面（例如認定他們很自私，也就

會覺得他們不聰明）。這是一個甚至會將生理與心理的特質混合在一起的傾向，例如不喜歡某人的聲音或口音，或是覺得他們的外型很吸引人或出色，這些都會影響你我對他們個性的看法。

> 「他住在哪個星球？」
> ——法國總統密特朗曾這樣談論過美國總統雷根

投給雷根——但是為什麼？

有許多演員成為政治家，其中一些是真的很聰明並成為一位不錯的政治家，有一些則還沒辦法判斷，還有另外一些的表現是一直都很糟。隆納‧雷根（Ronald Reagan）在他任職美國總統任內，不斷地因為明顯的愚笨跟懶惰被嘲笑，他在好幾個重要的場合被抓包打瞌睡，還被記錄下提供不正確到笑死人的資訊。儘管這些特質在當加州州長時就已經很明顯，他還是被提名而且選上了總統。到底為什麼？因為人們喜歡他拍的電影、對他的熟悉感以及他的儀態——因此認為他會是個好總統。結果在雷根治理下的美國享受了一段時間的經濟榮景，以及低失業率的國家安定與冷戰終結，加州在他當州長的期間也是很成功的（不像另一個演員——阿諾‧史瓦辛格治理的時候）。當然，不是每個演員都是不好的政治家，但基於他是個好演員而投票給他不是明智的策略。

你會跟大衛・貝克漢（David Beckham）買內褲嗎？

　　廣告商起用名人代言他們的商品時，靠的就是光環效應。有些代言說得過去：例如一名成功的運動員代言運動鞋，我們有十足的理由相信當他看到一雙運動鞋時，可能會知道那是一雙好鞋（儘管情況更有可能是他只是看到一百萬而知道那是好的一百萬），但為什麼我們要在內衣褲上跟他有相同的品味？

　　相同地，為什麼一名年輕貌美沒皺紋的模特兒要代言除皺霜？

　　廣告商總是利用期望與聯想——當看到有魅力的人在光鮮亮麗的場景中使用某個產品，因而相信了這個意象，覺得若我們也用一樣的產品就也能沾染上一部分的光鮮亮麗。名人代言的意義遠不止於此，因為它是利用名人揹書交換了我們潛意識的假設：如果某人很會唱歌、演戲或踢球，他

們對早餐穀片、汽車、內衣褲的選擇也會有正確的判斷力。對產品的好印象來自於產品與代言名人的連結度夠「黏稠」——即便我們對產品一無所知，仍會記得它，並因此更有可能選擇這個產品。當然，也是有完全相反的情況——如果我們不喜歡

> 「在一項研究中，觀看過新車廣告中有年輕性感模特兒的男人，相較於沒有觀看相同廣告的男人，會將該款車評價為速度更快、更有吸引力、看起來更貴以及設計更好。但是當之後被問起時，他們拒絕相信是年輕模特兒的出現影響了判斷。」
> ——亞利桑那州立大學，羅伯特·西奧迪尼（Robert Cialdini）

那位代言人，就不太可能去選擇該產品。這就是為什麼通常只有外表長得迷人且不帶侵略性的名人被選上出現在廣告中，以及為什麼廣告商在名人緋聞纏身時會迅速地與他們切割的原因。

第一印象很重要

第一印象是出了名地難改變。要是你第一次跟某人見面時留下了不好的印象，就很難讓他們對你有好感。如果你很直接地就喜歡某個人，那他們勢必得做出某些非常糟糕的事才有辦法讓你變得討厭他們。

我們不喜歡犯錯或承認自己錯了，而更改第一印象則關

係到要承認自己的初步判斷是錯誤的。實際上，我們情願花時間與我們已經知道不是太好的人在一起，也不願意承認一開始誤判了他們是好人，也就是說，當投入愈多時間跟情感在某人身上，就愈難承認自己錯看他們。

他不可能會做這種事

　　當名人被指控很嚴重的罪行，大眾之間往往會有反射性的譴責，不過這很常取決於這個名人先前投射出來的大眾形象。當電影導演伍迪・艾倫（Woody Allen）在2014年被養女指控騷擾，很多對他本人或是這個案子並不了解的人馬上跳進關於他有罪還是無罪的結論。那些認為他女兒在說謊的人，都是根據他們對他作為電影導演的崇敬所得出的觀點（而很多認為他有罪的人也是一樣找不出理由，但不是依據光環效應）。

　　一樣的先入為主觀念保護了很多身居高位以及大眾信任的職位的角色。只因為某人很有政治頭腦，不代表他或她在性癖好上也是有道德或誠信對待員工的，又或是能寬容地對待他們的孩子。非名人說的話（例如被吉米・薩維爾侵犯的孩童，見次頁的右上圖）對大眾而言總是無足輕重，因此更有可能不被大眾相信。

英國音樂人吉米・薩維爾（*Jimmy Savile*）犯下的兒童性侵案件，在他死了之後才被爆出來。作為一名受歡迎的表演者，加上投身慈善事業，讓他在世時能免遭懷疑與調查——即使當所有跡象都再明顯不過時。這種在BBC電視台內部的「侵犯文化」能被忍受單單只是因為光環效應。

你還有辦法喜歡他們的作品嗎？

埃里克・喬（Eric Gill），一名出色的字體設計師性侵了自己的孩子，與自己的姐妹亂倫，還跟自己的狗發生性關係。

羅曼・波蘭斯基（Roman Planski）是《失嬰記》及《黛絲姑娘》的導演，仍然因為強暴未成年少女被通緝中而無法回到美國，並在1977年被判刑前違反假釋逃到法國。詩人艾茲拉・龐德（Ezra Pound）是反猶太的納粹，他有老婆及情婦，並與兩人都有孩子。

作曲家華格納（Richard Wagner，右上圖）因為他的反猶太言論而出名。卡爾・奧福（Carl Orff）是個納粹同情者。愛德華・桑代克（右下圖）提出了「光環效應」，是名具影響力的心理學家並倡導優生學。

有污點的愛

私生活聲名狼藉的創作者讓我們無法自在地喜歡他們的作品。如果我們知道某位藝術家會打老婆或偷情、對他的孩子很殘暴、有種族歧視，都會讓我們對他的作品感到不舒服——即使他們已經不在人世，不會因為我們喜歡他們的作品而得到錢財或滿足。這是光環效應的反面，我們不喜歡某一面的他們，就會影響對其他方面的觀感。

既美又棒，或只是還OK？

外表迷人的人在許多領域上都比長相一般的人占有優勢。他們更容易得到工作、獲得幫忙，甚至連犯了罪都比較容易得到法律的寬容（除非他們用自身的吸引力來犯罪，例如詐欺他人）。在2013年時，義大利研究人員同時用長相迷人與不迷人的照片，但一模一樣的假履歷去應徵工作。長相迷人的更容易接到面試邀請的電話，平均的面試比例是30%，迷人的女人收到面試要求的比例為54%，迷人的男人則是47%。

整體來說，迷人的人比起相貌平平的人一生能多賺約10～15%的收入。德州大學的丹尼爾・哈梅默沙（Daniel Hamermesh）計算過，長相低於平均值的人，大概少掉十四萬美金的收入。他建議過立法機構，應該保護美學上較劣勢的族群不會因為他們的外表而被歧視。

第6章

縱容是否
會寵壞
孩子？

你應該就讓你的寶寶哭，還是去安慰他？
怎麼做才是對寶寶比較好的呢？

如何照顧嬰兒的潮流來來去去。有時候專家告訴父母們說就讓嬰兒哭，避免放太多的注意力在他們身上，嚴格遵守四小時餵食一次的規則，基本上就是讓他們知道誰才是老大（絕對不是嬰兒！）。其他時候又告訴父母要順著嬰兒，餓了就餵，照著

> 「當你試著要安撫孩子，請記住母愛是個危險的工具。一個可能會造成無法癒合傷口的工具，一個可能會造成童年不快樂、青少年惡夢的傷，一個可能會動搖你成年兒子女兒職涯，動搖快樂婚姻機會的工具。
> 絕對不要親你的小孩，不要把他抱在腿上，不要搖他的搖籃。」
> ── 心理學家約翰‧華生（John B. Watson），1928年

嬰兒的睡眠調整作息，完全且頻繁地與嬰兒接觸，像是很多的擁抱、講話、注意及陪他玩。這些是否只是一時風行的方式？還是有對的方式存在？而「對的」方式對寶寶與家長來說都是對的嗎？還是這只是簡單地決定以哪邊為優先？

殘酷的規則

二十世紀前半，兒童心理學與兒童養育專家大致上都有著「童年及母愛是不必要的寵愛」的觀點。「我們需要少一點感性，多一點打屁股。」兒童心理學先驅、也是第一任美國心理協會會長斯坦利‧霍爾（Granville Stanley Hall）如是說（儘管有如此資歷，他信奉優生學主義，認為不應該花費

力氣幫助生理及心理生病或有缺陷的人，因為他們阻礙了演化的進行）。

「少一點感性，多一點打屁股」在當時是許多人共同的觀念，家長們基本上被鼓勵紀律優於情感，即使是對最幼小的孩子也是。這個年代是有錢人將孩子送去寄宿學校，冷水澡跟體罰被視為建立人格，且很多家長在情感上與孩子很疏遠的年代──不論是因為他們相信這對孩子有益，還是發現這麼做很方便。

二十世紀初，很多富裕家庭的孩子很少見到父母，他們通常是由保姆照顧，並且和在家中工作的家政員工們建立強烈的情感連結。

依附理論

英國心理學家約翰・鮑比（John Bowlby）正是在上述這樣的時代背景下，進行了幼童們的依附研究。鮑比從寄養兒童及犯罪兒童、或因戰爭被迫與父母分開、或成為孤兒的兒童身上收集觀察數據。因為當時並沒有理論可以支撐他關於依附關係的結論，他便從民族學、進化論和動物行為上找尋

驗證。他認為康拉德·洛倫茲（Konrad Lorenz）在1930年的鳥類印記研究有高度相關（見下列對話框）。他建構了一套理論，在此理論中有進化論上穩固的理由說明為什麼嬰兒要跟一個獨立的個體——通常是母親來形成緊密的連結。與雙親之一有著緊密連結的幼兒因此受到家長的照顧及保護，有較好的機會長大並擁有後代。嬰兒有些行為——例如哭和笑——會促使家長與他們互動，這是家長演化而來的直覺，用來回應由嬰兒發出的這些刺激訊號。

灰雁媽媽

　　奧地利動物學家康拉德·洛倫茲研究剛孵化的灰雁雛鳥身上的「印記」行為，這個行為使牠們與第一眼見到的適當對象形成連結。在大自然中，第一眼見到的是牠們的父母，而雛鳥會聰明地跟隨家長的指引，學習如何成為一隻雁。洛倫茲讓雛鳥印記在他身上（更正確地說是印記在他的靴子上，他們會跟著任何穿那雙靴子的人），因此身邊常常跟著一群灰雁寶寶。這畫面很可愛，但對鳥寶寶們來說大概不是那麼好。

　　鮑比質疑如果依照粗野教育派建議的去做而忽略這些刺激、拒絕回應，可能對小孩造成無法彌補的傷害，因為這會

影響主要依附關係的形成。他表示成長中缺乏這層主要依附關係的孩子，之後可能會有不良行為、沮喪、智能減弱以及「無情型人格障礙」（affectionless psychopathy）的困擾（亦即他們的行為不在乎對其他人情緒上造成的影響）。

利用滑翔機讓孤兒雛鳥或瀕危的鳥類對它形成印記，就能教會牠們候鳥自然遷徙的路徑，不然，若沒有父母的指引，牠們是不會知道的。

機不可失

　　鮑比相信在某個關鍵時期內，這個依附關係必須被確立並維持。如果幼兒沒有在兩歲前與首要照顧者形成並維持連結，之後便無法再建立了。他表示在這兩年間，幼兒需要受到首要依附角色不間斷地關心跟照顧，這個角色通常都是媽媽（至少在他進行研究的1940、50年間是如此），他的建議也對送到托兒所或請別人照顧的孩子有影響。他宣稱破壞首要依附關係的風險確實會一直持續到五歲，包含了與照顧者分開以及照顧者死亡。

在幼兒成長初期，他們從與媽媽或其他首要依附對象的互動中學習如何成為人，於內在形成一個如何存在於世界上的模組，而最重要且會延續到一生的課題包含：

- 他人是值得信任的
- 孩童是有存在價值的人
- 孩童可以有效地與他人互動

大約三歲左右，這些模組——或者說由每個孩子的主要依附關係中產生的模式——會內化成為日後永久的應用（或直到昂貴的心理治療試著彌補任何空缺）。

「四十四個小偷」

鮑比為了測試他的依附理論而進行了一個研究。他訪問了四十四個在兒童指導診所中曾犯過竊盜罪的年輕人，以及四十四個一樣去診所但沒有犯罪的兒童（作為控制組）。他發現這四十四個小偷中，超過80%的人在幼年時曾與媽媽分開超過六個月以上，而超過30%的人表現出無情型人格障礙的跡象。在控制組中，僅有少數的兒童曾與媽媽分開，而且沒人顯示出患有精神病。

對於鮑比的實驗，輿論指出與母親分開的經驗是經由自述得來，這個資訊有可能不準確。此外，鮑比親自進行訪問並自行判斷有無精神病症，所以他的解讀有可能為了遷就他的理論而有偏見（此稱為「實驗者偏誤」）。

世界衛生組織的關懷

緊接著鮑比1940年代的實驗而來，他被世界衛生組織（WHO）邀請去報告關於歐洲戰後流離失所兒童的精神健康。他的著作《孕婦照顧與心理健康》（1951）改變了人們對孤兒及流離失所兒童的想法與關心。

同時間，班傑明・斯波克（Benjamin Spock）劃時代的巨作為大眾觀點帶來巨大的改變，《嬰兒與兒童保健》（1946）一書顛覆了傳統認為打才會讓小孩服從的觀念，並且建議關心他們，給予愛及親密感，這本書成為暢銷世界的書籍，賣出超過五千萬本。

遵守嚴格的規定，讓餓肚子的嬰兒哭到規定的時間才能餵，這對現代的父母來說似乎很不可思議，但很顯然地對戰後時期的父母而言，他們需要斯波克博士的允許，才敢採用寶寶肚子餓了就餵、傷心就安撫的常識做法。儘管有些斯波克建議的照顧行為現今已經被取代（例如建議讓寶寶趴睡），但情感及心理上的論述仍非常具有影響力。

斯波克的反作用力

當這些斯波克寶寶長大時，世界已經改變了。1960年代的性解放、使用迷幻藥物的嬉皮、民權運動、反越戰運動和資本主義，以及1950年代「超完美嬌妻」的生活方式，全都一字排開在斯波克博士眼前。開放的管教方式是否創造出過度批判的「我世代」？

鮑比搞錯了什麼？

現在很少人會爭論孩子在嬰兒時期若從穩定的人那裡獲得充滿愛的照顧與關注能帶來極大的好處，但有些鮑比的理論細節受到了抨擊。

在談到「母愛剝奪」上，他沒有將「喪失」與「缺失」的概念區分開來。在「喪失」的情況下，依附關係曾被建立起來，但後來被打亂或消除了，而在「缺失」的狀態中，則是依附關係從沒被建立過。後者的情況會對孩子造成更嚴重的傷害（見P.82〈馬尼亞孤兒院的孩童們〉）。

鮑比注意到這種孩子與母親分開所產生的痛苦，也會在孩子與他們生命中重要的角色分開時產生，例如爸爸、手足、親近的親戚或保母。

1964年的研究發現，第一個重要的獨立依附關係開始於

嬰兒八個月左右，接著其他的依附關係便會很快地發生。到了十八個月大時，很多孩子已經發展了三、四個或更多的依附關係，而只有13%的孩子僅有單一的依附關係。

> 「美國付出了兩代人的代價，他們遵循了斯波克博士提出的立即滿足嬰兒需求計畫。」
>
> —— 諾曼·文生·皮爾（Norman Vincent Peale），暢銷書《積極思考的力量》一書的作者

在1981年一個更深入「缺失」的研究中，麥可·路特（Michael Rutter）發現那些沒有建立過首要依附關係的孩童，剛開始時依賴性很強、愛尋求關注，並且無差別地和人交朋友，之後則表現出無法遵守規則、建立關係或感到內疚。但他爭論這並不一定是缺乏母親形象的直接結果，缺乏營養或其他任何因素也被發現存在於這些孩童的幼年時期。

是娘不一定要有奶

「嬰兒的首要需求不是奶，而是親密的肢體接觸」這個觀點在1950年代的育兒理論中流傳開來，但日後才被實驗證實。

美國心理學家哈里·哈洛（Harry Harlow）進行了一個設計來測試母親是否會比其他的哺育來源更重要的實驗。

心理障礙：單變性（monotropy）

　　單變性是指嬰兒對單一成人的依附，這個成人經常是媽媽，這是鮑比的理論模式中心，但並非是所有育兒方式的特性。在以色列的基布茲社會（kibbutzim）以及某些群體體系和極端宗教組織中，與父母的緊密依附關係是由共同育兒模式所取代。有些在此類型背景下成長的孩童，在成人後公開表示因受到傷害而反對這種方式。另一方面來看，孩子們可以在不止單一種強烈的依附關係下快樂地被養育——爸爸媽媽共同參與育兒就是個明顯的例子。

自己去醫院的兒童

　　鮑比與他的社工同事詹姆士・羅伯遜（James Robertson）一同宣傳一部羅伯遜拍的影片，叫做《一個兩歲兒童上醫院》（A Two-Year-Old Goes to Hospital）。這部影片紀錄了1950年代，一名兒童在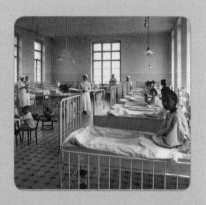沒有媽媽的陪同下為了動手術自行去醫院的艱苦，這部片也促進了醫院及其他州立機構在小兒科照護上的改進。

鐵絲媽媽跟毛媽媽

　　哈洛的實驗在現今應該不會被允許，但這個實驗對嬰兒期、父母的愛以及親密感在心理學上的重要性有著革命性的觀點。1958年，哈洛從恆河猴媽媽身邊帶走小猴子，並將牠們放進籠子裡隔離起來，牠們可以聽到、看到其他小猴子，但不能碰觸或有互動。剛開始他只是要用最有效率的方式養猴子以便供實驗室使用，但留意到那些人工飼養並缺乏與其他小猴或父母互動的猴子們，與被父母養大的猴子相較，在心理上有著非常不一樣的差異。他也注意到，在缺乏其他任何柔軟物體的環境下，猴子寶寶們會依偎在他們的尿布上。他便開始調查母親的存在以及親密感在孩童養成上的角色。

　　哈洛用鐵絲跟木頭做了代理猴媽媽。每隻恆河猴寶寶都有自己的代理媽媽，並且對她產生依附感、學習認得她，並在其他相似的代理媽媽中偏好自己的那位。接著他又做了一些只用鐵絲製成的、一些用布料包起來的。哈洛在每隻猴子的籠子裡都各放一個，有的是布料包裹的媽媽拿著奶瓶，有的是鐵絲媽媽拿著奶瓶，而不論是不是有供應食物，猴子寶寶們都偏

好布料包裹的媽媽。

在一些鐵絲媽媽提供牛奶的籠子中，猴寶寶會投向鐵絲媽媽通常只是為了食物，之後便會回到布料媽媽身上去尋求安慰。如果猴子寶寶跟代理媽媽一起被放到新環境，牠們會先去探索環境，然後頻繁地回到布料媽媽身上找安慰；如果牠們是單獨被放到新環境中，則會表現出痛苦（例如蜷縮起來並尖叫），而且不會想要探索。

哈洛的結論帶來了革命性的影響──母親與孩子間的牽絆，食物並不是最重要的面向。

分叉點

今日的育兒建議分成了兩派。有些專家希望對幼童施行比較嚴格的時程表（但沒有嚴厲到倡導「少點感性，多點懲罰」的程度）。同時，隨寶寶適性發展的派別則更進一步地朝向將寶寶放在他/她自身照顧的中心，伴隨著發展過程──例如寶寶主導的斷奶過程，在這個過程中父母或照顧者不會餵孩子，而是允許孩子可以照自己的意願拿或放下食物、丟或玩食物。

斯波克鼓勵父母，與其落入愈來愈多想吸引父母注意的「專家」說法，而導致做父母的對自己的直覺愈來愈沒自信，倒不如就相信自己的直覺。

羅馬尼亞孤兒院的孩童們

在尼古拉・壽西斯古（Nicolae Ceau escu）統治下的羅馬尼亞，有高達十七萬的兒童被監禁在孤兒院中遭受長期的忽視及虐待。有很多孩子被綁在床邊，躺在自己的排泄物裡，而且從來沒被抱過或接受任何親密接觸。在壽西斯古於1989年被處決後，這些孩童的處境傳到了羅馬尼亞以外的地方，而開始有許多慈善組織進來幫助他們。這些孤兒展現出遭受喪失依附關係所造成的持續影響。有些孩子到了十五歲還看起來只有六、七歲，他們的大腦停止製造成長賀爾蒙，也有很多孩子智力受損，這些傷害並非營養不良造成的，而是缺乏智識上的刺激與情感關注的結果。很多孩子有

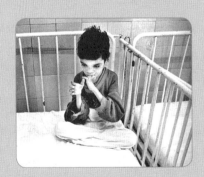

氾濫依附的情況，當他們一旦被抱起而又放下時，便會嚎哭跟尖叫。有些年紀還小的孩子被帶出來後，因安置在充滿愛的寄養家庭中而有長足的進步，但對很多孩子來說，傷害是無法彌補的。

1980年代晚期，在羅馬尼亞孤兒院裡的孩子無法與成人建立依附關係，生活條件惡劣且遭受經常性地虐待。年紀還小就被從孤兒院救出的孩子通常可以復原，但其他的則持續遭受心理創傷的影響。

第7章

道德感是天生的嗎？

連年紀很小的孩子也會展現道德感嗎？

當小孩開始上學時，他們已經建立起初期的公平及正義概念。他們知道什麼樣的行為歸類在乖或不乖（或好與壞），而且一有機會就會大聲嚷嚷「不公平！」（往往都是很公平的情況下）。他們是從哪裡得到這些概念的呢？

從家裡開始

在兒童成長的早期幾年，他們會接觸到真實世界、電視、手機應用程式及電影中等的許多行為。他們目睹大人回應自己的與他人的行為，並且學會哪種行為是可被接受的、哪些則無法。耶魯大學的行為心理學

家保羅‧布魯姆（Paul Bloom）指出包含的元素不只有觀察及互動。

儘管聽起來不可思議，但他研究的對象是幾個月大的嬰兒，從中發現了道德觀不完全是從我們與他人的互動學習而來。他的研究得出了令人驚訝的結果，指出我們有內建的道德感，這道德感甚至也存在於小嬰兒身上。隨著成長，道德觀會微調，調整到能適應我們生活的社會。

道德相對主義

不同的行為在不同的團體中代表不同的意義。例如現今在西方國家已經認為因為膚色而歧視別人是很荒謬的，儘管數個世紀以來這都

> 「沒有例外，每個人都深信自己成長的習俗跟宗教信仰是最好的。」
>
> ——希羅多德（Herodotus），《歷史》，西元前500年

是被接受的行為。在回教國家，飲酒不僅不被容忍且是禁止的行為。有些社會禁止同性戀。在幾個主要的西方民主大國中，燒毀國旗被認為是錯的，就像是無視死者的願望一樣。有些文化認為吃某種肉類或將某些食物一起吃是不對的。這些不同類型的道德行為是屬於特定文化的，每個公民都必需學習。

從另一方面來說，有些道德標準幾乎是全球共通的，大部分的社會都認為謀殺、偷竊及近親相姦是錯的，這些道德約束幾乎在所有社會都成立，因此其中可能有些什麼是先天性的 —— 或是他們可能為了使社會運作順利一再地進化。

道德寶寶

布魯姆說他的寶寶研究顯示，他們在長大到可以藉由觀察別人學習道德觀前，已經展現出基本的道德感。

他是怎麼知道的呢？依照他的說法，**寶寶**們因為沒有運動能力去做一些有助益的事情，例如拉槓桿、走迷宮或甚至拿起喜歡的物品，所以他們在行為實驗上的用處跟蚯蚓差不多。但**寶寶**的喜好可以從他們選擇看著哪樣物品，以及注視多久來判斷。

會幫助人與不幫助人的形狀

利用這個判斷方式，他讓**寶寶**看有益的跟無益的幾何圖形動畫（對，這是真的），然後找出他們最喜歡的形狀。一顆紅色的球在上坡的時候遇到困難，接著有個友善的方形來幫忙它（往上推），有時則會被一個不起幫助作用的三角形妨礙（擋住去路）。布魯姆會在不同的形狀間切換，來避免有任何形狀偏好上的干擾。

寶寶們對會幫助人的形狀展現了強烈的偏好，如果在幾何形狀上加上臉孔，會更加強這個實驗的效果。很有趣的是，如果**寶寶**們沒有在一開始看到試著爬上坡的球，這個偏

好的行為就會消失——因此不僅僅是他們的動作，圖形間的社交行為是很重要的。僅僅三個月大的寶寶已經偏好看著會幫助人的圖形了。

好的、壞的以及無關緊要的

當布魯姆加入一個中性的角色，一個不幫忙、也不阻礙圓球上坡的形狀時，六個月及以上的寶寶喜歡會幫助人的形狀勝過中性的形狀，喜歡中性的形狀又勝過阻礙的形狀。三個月大的寶寶無法判別幫助人的與中性的形狀，但依舊不喜歡阻礙的形狀。這符合在成人與孩童身上的「負面偏誤」（negativity bias）——我們對壞的事物比對好的事物敏感，並且比起正向的事情，更容易回應負面的事情。我們會抱怨誰做出不好或不像話的舉動，但並不會那麼常稱讚誰做了什麼好事。布魯姆做出結論：寶寶在非常早期的發展中便可分辨替人著想的與自私的行為——早在人們以為他們的行為是學習而來的之前，因為他們尚未接觸過明確的範例。他表示這顯現了先天的道德感，我們的大腦從一開始就配備了簡單的道德感。

「好好」玩

凱倫・永利（Karen Wyn）也是耶魯大學的教授，她與一歲的孩子們一起做了另一個實驗。她讓孩子們觀看玩偶

秀，內容是兩個玩偶一起玩，但第三個玩偶把他們在玩的球拿走並且跑掉。接著這些玩偶被放在孩子們前面，而且每隻玩偶前都有一個獎品，她要求孩子們拿走其中一個玩偶的獎品，大部分的孩子都拿走「壞」玩偶的獎品。有一個小男孩不只拿走獎品，還打了「壞」玩偶。

這個實驗強化了獎賞與懲罰在辨識道德行為上的概念，小孩在一歲大的年紀就已經建構起公道的觀念。

達爾文的孩子

　　當一個專業生物學家的小孩是很辛苦的。達爾文（Charles Darwin）對他兒子威廉的成長發展做了詳細的觀察筆記，他記錄下諸如男孩在兩歲八個月時開始用欺騙父母的行為（把衣服上的污漬藏起來），來掩飾他吃了不被允許的食物等細節。這個孩子很顯然地感到罪惡跟不好意思——他做了不被允許的事情，但從來沒有因此被懲罰，所以怕被發現的恐懼跟擔心外在後果並沒有關係。

實驗發現並非全都是好的

　　玩偶實驗是一個找出嬰兒喜好蠻不錯的方式，但我們不見得總是樂見我們的發現。永利所做的會幫忙、不幫忙的玩偶實驗也呈現出，小小孩在認為像自己的玩偶（選擇了跟他們喜歡相同食物的玩偶）被幫助時會很開心；但當不像他們的玩偶（選擇了孩子們不喜歡的食物的玩偶）沒有被幫忙時，他們也很開心。

　　永利做出帶有惡兆的結論：「這個反應似乎指向成人仇外心理、偏見與戰爭傾向的根源。」

第8章

做白日夢是在浪費時間？

你常花太多時間看著窗外幻想嗎？這可能對你有益喔。

如果你聽過學校老師說的，你就有白日夢是完全在浪費時間的印象，事實上很有可能完全相反，它的確有可能是創意的靈感泉源……。

好或壞？

在十九世紀到二十世紀初期，專業的意見大致上都認為做白日夢是不好的，早期的心理學教科書還警告過多的白日夢會讓人發瘋。第一次

> 「大腦天生就停不下來，它總是在身處的環境中找尋最有趣的事物。而常常最有趣的事就是往內在環境去。」
> —— 喬納森·斯庫勒（Jonathan Schooler），加州大學聖塔芭芭拉分校的心理與腦科學教授

世界大戰，美軍利用招募問卷來淘汰掉可能發生精神問題的士兵，凡是在「我常常做白日夢」的選項勾選同意的就會被淘汰。儘管如此，現在估計我們清醒時會花大約15%~50%的時間做白日夢，所以如果從前的認定是正確的，那就有很多急需醫療協助的精神疾病患者了。

佛洛伊德說，白日夢跟晚上做夢一樣是在釋放壓抑的想法、欲望和記憶。他也視白日夢為一種實現願望的方式，在做白日夢時我們可以擁有任何想要的東西，這聽起來不錯吧。有愈來愈多的證據顯示白日夢是有用、有建設性的，1980年代，心理學家艾里克·克林格爾（Eric Klinger）發

現，對於工作性質沉悶、重複性高且不需動腦的人，或是工作中有長時間不需活動（例如救生員）的人來說，做白日夢是避免無聊跟沮喪的方法，它可以保持大腦的運轉。在

> 「你可以不需承擔後果地參與試用。你可以想像自己嘲笑老師或毆打老闆而不需真的那樣做。」
>
> —— 心理學家傑羅姆·辛格 (Jerome Singer) 1966

他研究的對象中，有75%的人的工作不需要非常專注，他們說自己用做白日夢的方式來降低無聊的感覺。

　　克林格爾給參與者一個呼叫器，並要他們在每次呼叫器響的時候寫下正在做的白日夢。他發現做白日夢的頻率差異極大，從一天紀錄六次到一百七十六次都大有人在。他發現大部分的白日夢並不是華麗的幻想，反而是平凡的複述以及每天生活中的事件重播。這與佛洛伊德提出的說法相反，佛洛伊德說白日夢帶我們到平常不被允許去的境界，但克林格爾的案例中，只有5%的人的白日夢是關於性愛內容，還有少數則有關暴力。

有更重要的事要做？

　　當白日夢阻礙了某人真正該做的事時，就會被當成問題——舉例來說，學生望著窗外想著電動要怎麼破關，而不是聽老師講課的時候。不過有證據顯示那些做很多白日夢的

人更有創造力與同理心。克林格爾發現，在一群以色列學生中，那些會做白日夢的比不會的更有同理心。

意識到做白日夢是個指標，它告訴我們白日夢對我們來說有多有用。喬納森·斯庫勒進行的一個研究發現那些邊讀故事、邊做白日夢的學生若在事後被要求想出日常用品的其他用途時，例如衣架、牙籤，會提出更有創意的答案。

斯庫勒指出，做白日夢對眼前的目標沒有幫助，但對長程目標是有所助益的。

這就是為什麼老師希望小孩停止做白日夢——長遠來說，這可能會讓他們更有創造力、也更開心，但老師需要孩子們當下專注在學習課程上。

收割你的白日夢

　　如果你沒有要專注在你現在應該做的事上，那或許可以把注意力集中在眼前真正在做的事情上。在許多成功的創意人士身上發現了一個習慣——收割白日夢中的點子。愛因斯坦在夢想著自己騎在光束上時有了相對論的構想。工程師喬治‧特‧梅斯特拉爾（George de Mestral）有一次從山裡散步回來之後，在取下自己跟狗的衣服上的毛刺時有了魔鬼氈的靈感。許多創意人士隨身攜帶著筆記本，並記下突然蹦出來的點子，因為他們知道不記下來就會忘了。如果沒有筆記本，你也可以用手機喔。

預設模式網絡（default mode network）

　　華盛頓大學的馬庫斯‧賴希勒（Marcus E. Taichle）利用一種稱作功能性磁振造影（fMRI）的強化腦部掃描技術，觀察我們做白日夢時是大腦的哪個部分在運作。他發現負責感知接收的部分（視覺、聲音、味道），還有跟建立、處理記憶有關的部分都參與在內。他將這組大腦的運作稱為「預設

模式網絡」，因為這是當大腦沒在做任何事情時的預設活動，賴希勒將之描述為「意識的龍柱」。

　　建議指出監測預設模式網絡的活動對醫學有助益，例如診斷阿茲海默症並評估治療的效果，或是測試昏迷病患的意識指數。腦死在預設模式下沒有活動，但那些深度昏迷或暫時呈現植物人狀態的人，仍舊顯示出65%的正常活動，而意識微弱的人則有90%的正常活動。測試大腦預設模式網絡的活動，可能是評估那些失去意識病患最有可能康復的方法。

當你什麼都沒想的時候是在想什麼？

　　我們大多數人在沒什麼事要想的時候就會做白日夢，但亞斯伯格症的人有著比其他人更少做白日夢的傾向。內華達大學的羅素·赫爾伯特（Russell Hurlburt）研究了三個有亞斯伯格症男子的「閒置大腦」，發現他們無法理解「內心世界」，或是只有反映出影像跟物件——他們並沒有建構內在敘事這件事。

三個種類

　　傑羅姆·辛格花了六十年在研究白日夢，他在小的時候有很活躍的內在生活，並選擇了專業興趣在白日夢上，希望

找出人們的白日夢有多不同，以及白日夢有什麼作用。

辛格辨識出三種白日夢明顯的種類：

- 積極有建設性的白日夢包含了有趣、生動並充滿希望的影像。這種是對滋養創意有利的種類。

- 罪惡感的白日夢包含了焦慮或恐懼，而且可能會讓人憂慮。它會產生英雄主義、失敗、攻擊性及野心的影像。這個種類包含了沉迷於重新經歷創傷後壓力症候群（PTSD）有關的傷痛。

- 注意力控制不良是一種分散注意力的白日夢，常常由焦慮造成，它在我們試著專注卻失敗時困擾著我們。它是舊時的白晝惡魔（見P.121）。

在詹姆斯·瑟伯（James Thurber）的短篇小說《瓦特米提的祕密生活》（The Secret Life of Walter Mitty, 1939）中，主角是個有點沒用的人，他做著奢靡、充滿幻想的白日夢，例如夢想成為機師或外科醫生。但大多數人的白日夢並不是當英雄的幻想，相反地，大多數的我們都是重播一些爭執，然後想出聰明的反駁，或是計畫晚餐的內容，或想像當我們把車送到修車廠時會發生什麼事。

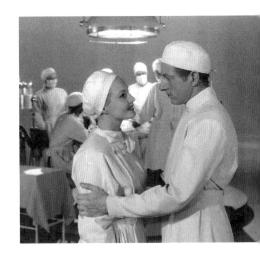

白日夢對你有益

　　辛格與後來的斯庫勒發現專注在「正向、有建設性的白日夢」，可以起到幾個廣泛的作用：

- 它有助於計畫，讓我們可以設想並計畫接下來的行動。白日夢透過圖像化及計畫不同的結果，讓我們可以預演未來的事件。
- 它幫助我們解決問題，並讓創意開花結果。
- 它幫助「注意力循環」，讓我們在集中注意力跟眾多資訊中切換，因而針對個人或外在的目標建立一個更有意義且優化的途徑。
- 它提供了「適應空間」——透過分析任務或集中注意力，我們能夠完成分散式的練習，而那個方式被發現有助於更紮實的學習（這就是為何在考試前，四段各半小時的複習比兩小時不間斷的方式更有效。）

　　做白日夢似乎對個人及情緒上都有相當大的幫助，它幫助我們建立同理心、道德推論、理解他人的觀點及情緒，並且從事件及經驗上累積意義。

釋放情緒

　　做白日夢也是一個安全閥門，如果我們想像自己對特定

情況做出積極回應，這樣可以釋放緊張跟挫折感，並給自己餘裕來做出思考過的回應。只有在偶爾的情況下，有些人會將想像中的侵略轉化為真實的暴力。如果事情對我們不利，想像結果或回應也能提供一些滿足感或改善壞情緒，例如幻想對你的老闆咆哮或痛揍你的鄰居可以讓你覺得舒暢一點，但不需要真的去執行它。

愛因斯坦與「組合遊戲」

愛因斯坦很多點子都是在他的小提琴時間中浮現的，因此他深信最棒的見解是來自「組合遊戲」——將不同的主意湊在一起。許多人將創意或靈感定義為將不同領域的點子或知識，用新的或意想不到的方式結合在一起。最有創意的人往往是那些可以自創連結或從非  常不同的概念中看出連結的人，這些連結不僅僅是在做白日夢時湧現，這些原始的點子也往往在做「閒事」的時候獲得，例如無目的上網瀏覽或隨手翻閱雜誌。

對誰有利？

　　正向、有建設性的白日夢總體來說對個人的發展和滿足有益，但對於外在的目標來說，可能代價很昂貴。換句話說，它對

> 「關於人類，什麼事是最真實像人的？什麼算是從演化而來最棒的禮物，並且是掌握環境及自身最棒的資源？是人類想像的能力。」
>
> ——傑羅姆·辛格，心理學家

你的內在是好的，但不見得對你外顯的那一面有利——也就是老師跟老闆接觸到的「你」。這表示你終究必須調低處理做白日夢的程度，畢竟你還是要受教育或保住飯碗。

白天裡的惡夢

　　在極端的情況下，糟糕的白日夢與精神困擾及心理疾病有關，這種憂鬱的惡夢像白日夢是種反覆行為——時常會想起令人難受的記憶或念頭。不讓思緒飄向快樂的約會計畫或有用的發明，而是一再地重播過往的錯誤或疏忽，就像去摳結痂的傷口不會讓傷口比較快好，反而會延長痛苦。創傷後壓力症候群常見的特徵就是一再重播創傷事件，不論是有意識地這麼做或是倒敘的方式。在憂鬱的人身上，大腦預設模式中稱為「膝下前扣帶皮層」的特定區域變得非常活躍，或叫它「悲傷節點」更容易被理解，在人們受困於反覆的憂鬱或重新經歷痛苦回憶時，這個部分便進入超速運轉的狀態。

第9章

你會重蹈覆轍嗎？

是什麼驅使我們去做一些事情？
制約反應可以在刺激與行動間建立假的連結。

看到美食雜誌裡的照片會不會讓你肚子餓？看到動手術的影片會不會讓你覺得不舒服？你的大腦將你的知識與身體的功能和感知連結起來。對於某些刺激的反應是直覺式的——例如看到食物會流口水；其他則是被制約的——如果曾經有過不好的看牙經驗，再踏進牙醫診所時，我們的焦慮程度就有可能提高。

　　制約反應會讓我們對不需害怕的事感到害怕，制約反應也會因為帶來的後果促使我們去做或不做一些事。這種制約行為被用來管教小孩及訓練小狗。

巴夫洛夫的狗

　　俄羅斯生理學家伊凡・巴夫洛夫（Ivan Pavlov 1849-1936）研究了消化系統的運作。當他用狗進行測試時發現了條件反射的現象——一種對刺激的習得性生理反應。小狗們不論什麼時候，看到食物就會流口水——這是種準備要進食的直覺反應，食物作為主要刺激造成了流口水的反應。巴夫洛夫反覆地用警報器、哨子、響鈴、音叉或其他樂器，在餵食小狗之前製造聲音，一如往常，當食物來的時候小狗就會流口水。過一陣子之後，狗兒們開始將那個

聲音連結到即將到來的食物，因此當牠們聽到那些聲響時就開始流口水——即使是都還沒看到食物。儘管流口水是一個無法被直接控制的自動反應，但狗兒們已經在腦裡將那個聲音與要送來的食物串連起來，所以這個次要刺激也會產生相同的反應。

心理障礙：古典制約與操作制約

古典制約就是跟巴夫洛夫實驗一樣的制約，透過不斷重複地回應一個不相干的刺激讓身體記住這個反應——例如對鈴響流口水，因為鈴響的聲音被認為是食物的訊號。

操作制約是用獎賞或懲罰的方式來強化或減弱自發性的反應動作。舉例來說，如果老鼠發現按壓控制桿就會送來糖水，牠就會一直做相同的動作，這個結果強化了牠的行為，而如果按壓控制桿會產生電擊，老鼠就會停止按壓。

專嚇小孩的工作

不論你對像巴夫洛夫那樣用動物來實驗有什麼想法，現在只有少數的人會縱容惡名昭彰的「小艾伯特」實驗。

1919年時，約翰・華生（John Watson）與羅莎莉・雷納（Rosalie Rayner）從大學的托嬰中心挑選了一名九個月大的

小男嬰來進行他們的行為實驗。他以「小艾伯特」的身分為大眾所知，但他的真實姓名在2009年時被揭露為道格拉斯・梅利特（Douglas Merritte）。華生與雷納讓「小艾伯特」接觸一些

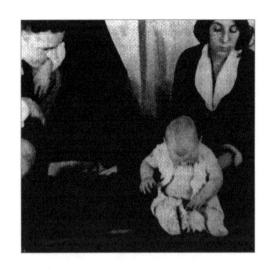

無害的物品與動物來開啟實驗，包含一隻實驗室的白老鼠。小艾伯特並不害怕任何他接觸到的東西，於是華生及雷納就開始進行，嚇唬「艾伯特」的實驗。當他摸老鼠的時候，他們就在小艾伯特背後用榔頭跟鐵板製造出很大的聲音，小男嬰就哭了，他們不斷重複這個行為直到小艾伯特一看到老鼠就哭。每當老鼠一出現，艾伯特就會把臉轉開並試圖從實驗椅上逃開。

　　這個連結延伸到其他毛茸茸的物體上，因此艾伯特也會怕兔子、小狗、毛皮外套，甚至當華生帶著聖誕老人面具跟毛毛的假鬍子出現時，他也會怕（這個裝扮即便不是在實驗的情況下也可能會令人害怕）。這個研究顯示出巴夫洛夫成功套在狗兒身上的古典制約反應，在人類身上也適用。

效果律（The law effect）

　　於巴夫洛夫在古典制約上的實驗結果發表後不久，愛德華‧桑代克就開始在美國用貓來進行操作制約的研究。桑代克打造了一個「迷宮箱」，貓咪只能透過壓控制桿或拉拉環才可以逃脫。他把一隻飢餓的貓咪放到箱子裡，而貓咪必須把自己從箱子裡救出來後才有東西吃。桑代克發現，第一次時，貓咪花了好一下子才發現脫逃機關，但隨著「箱子之旅」的次數愈來愈多，貓咪脫逃所花時間便愈來愈少。

　　桑代克定義出了效果律：一個令人滿意的結果會加強（激勵）產生這個結果的動作。現代的心理學家會將之稱作「正向強化」——逃離箱子帶來的好結果會強化貓咪使用控制桿或拉環的動作。

這麼做不太好

　　華生與雷納的實驗有很多不對的地方，特別是這個實驗既不道德又殘忍。小艾伯特在實驗之後並沒有被解除制約，因此他想必依舊害怕老鼠、兔子以及其他毛茸茸的動物。後來他跟著父母搬走了，所以沒有機會進行後續的研究或治療。事實上，他在六歲的時候就因出生時罹患的腦積水過世了。和華生宣稱他是個健康正常的寶寶相反，艾伯特並沒有正常成長（華生八成早就知道了），這讓艾伯特無法成為一個代表正常成長的適當案例。更甚者，華生與雷納除了主觀判斷外，他們沒有一套用來測量艾伯特反應的系統。

比較好的制約

　　1924年時，瑪麗・瓊斯（Mary Cover Jones）用更合乎道德的制約效應來幫助一個害怕白色毛茸茸東西的孩子——這正是對艾伯特來說在擔任實驗受試者之後幾年可能會有幫助的。彼得是個害怕小白兔的小男孩，隨著時間推進，研究人員將彼得與兔子的距離愈拉愈近，直到他可以不恐懼地摸或跟小白兔玩。在實驗中，還會有其他不怕兔子的孩童出現在房間裡，示範一般人對兔子的反應。

去除兔子恐懼的進程

瑪麗·瓊斯對彼得與兔子間的互動報告如下：

A. 在籠子中的兔子被放在房間的任何一個地方都造成恐懼反應

B. 兔子待在籠子裡，離他12呎遠的地方是可以忍受的

C. 兔子待在籠子裡，離他4呎遠的地方是可以忍受的

D. 兔子待在籠子裡，離他3呎遠的地方是可以忍受的

E. 兔子待在籠子裡，離他很近是可以忍受的

F. 兔子在房間裡自由地行動是可以忍受的

G. 當研究人員抓著兔子時可以觸摸

H. 當兔子自由地在房間行動時可以觸摸

I. 對兔子吐口水、丟東西、用模仿兔子的方式來抗拒牠

J. 兔子被允許放在高椅上的平台

K. 用毫無防備的姿勢蹲在兔子旁邊

L. 幫研究人員將兔子抓到籠子裡

M. 把兔子放在大腿上

N. 獨自跟兔子待在房間裡

O. 允許兔子跟他一同在遊戲區裡

P. 親密地撫摸兔子

Q. 讓兔子輕咬他的手指

讓事情好轉

　　彼得實驗是行為治療的早期先驅，目標在重新訓練一個人的思考及行為。有數種的制約效應被用在治療、教學以及其他行為的矯正上，他們可以包含懲罰與獎賞。懲罰是一個負面的強化作用——每次目標對象做了某件事就會有壞事發生，這樣做的目的在於減少不想要的行為。獎賞則是正面的強化作用，目的在於增加想要的行為——例如當孩子們撿起亂丟的玩具，就給他們一張貼紙。

　　許多研究都指出正向強化比負面強化更有效果（見第16章〈吃軟還是吃硬？〉）。

> ### 5：1
>
> 　　研究發現，當試著要去調整孩子的行為時，稱讚與懲罰的比例為5：1是最有效的。根據其他的研究結果，同樣比例的稱讚與批評在保持婚姻穩定上也是有用的。

我們常常這樣做

　　我們在自己沒發現的狀況下經常使用制約、正向與負面強化的元素，譬如育兒手冊建議讓小孩養成睡前習慣，就是在利用制約的形式。

若小孩子每天都是洗完熱水澡後接著床邊故事，最後就是睡覺時間，過一陣子之後，他就會開始想睡覺，因為熱水澡跟床邊故事總是以睡覺結尾。

　　小狗總是在孩子回到家以後出去散步，所以當下午聽到門被打開的聲音就會變得很興奮。假設有個孩子每次刷牙都被稱讚，過一陣子後，即便稱讚她的父母有幾天不在家，她還是會乖乖刷牙。

恐懼症在治療上還是使用瑪麗‧瓊斯在處理彼得厭惡白色毛絨絨東西的相同方法。在一個安全、受控制的環境中，循序漸進地增加接觸機會，沖淡當事人不理性的恐懼。

第10章

你為什麼
那麼愛賴床？

青少年為什麼愛賴床？他們是不是很懶散？

家中有青少年或是記得自己青少年時期的人，就會知道他們喜歡賴床賴到超過正常該起床的時間，還喜歡熬夜熬過應該睡覺的時間。

> 「晚睡晚起是一種生物學傾向。顯然地，你可以把更壞的習慣強加給他們，但他們並不懶惰。」
> ——牛津大學晝夜神經學教授 羅素‧福斯特（Russell Foster）

如果不去管他們，他們就會熬夜到凌晨四點才睡，然後一路睡到下午。這只是單純的任性跟叛逆嗎？或是有什麼正當理由讓他們有著如此反社會的時間管理方式？

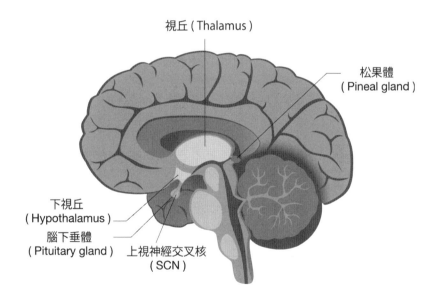

視丘（Thalamus）
松果體（Pineal gland）
下視丘（Hypothalamus）
腦下垂體（Pituitary gland）
上視神經交叉核（SCN）

生理時鐘位在上視神經交叉核，這是在大腦底部的一小群細胞。

你的個人生理時鐘

　　每個人都有一個內建的時鐘——或稱「生理時鐘」——此裝置調節身體的自然循環。這個在你身體裡的每日活動模式叫做「晝夜節律」（circadian rhythm），晝夜節律決定了像你什麼時候最有活力、什麼時候會累等事情。大部分的人沒辦法完全依照晝夜節律來工作，因為我們受制於慣例以及經濟需要而必須在雇主規定的時間去工作、叫孩子起床並送他們去上學、餵肚子餓的寶寶，或是為了收包裹、約會時保持清醒。再加上熬夜七小時打《太空戰士9》，隔天就不會太好過了。

你跟香菇有多像

　　不是只有人類才有晝夜節律，許多（或是幾乎所有）地球上的有機體都有大致調節為二十四小時的生理時鐘。夜行性動物白天睡覺、晚上打獵，但他們還是依照二十四小時的循環在活動。即便是蕈類也有晝夜節律，並且在某個特定時間才會製造孢子。研究晝夜節律的科學家經常利用一種叫做粉色麵包的黴菌，他們找到一種基因在黴菌體內控制著一天的活動，該種基因的突變會弄得黴菌的時鐘大亂。想必當這黴菌的晝夜規律被打亂的時候，應該是整天躺在那什麼事也沒做吧。喔，等等，這……好像有點似曾相識……。

夜貓子與早起的鳥兒

我們已經很習慣有人在晚上能「運作」得最好——最機靈、也最適合工作，而對另一些人來說最好的時間在於

> 「每一次你跑進來大喊『起床了！太陽照屁股了！』我都心想：『死人有夠幸運的！』」
>
> ——田納西·威廉斯，《玻璃動物園》（Tennessee Williams, The Glass Menagerie）

晨。如此區分「夜型人」與「晨型人」的方式已經很普遍地被標籤為「夜貓子」跟「早起的鳥兒」，如果喜歡晚睡晚起，你就是夜貓子；如果喜歡早睡早起，你就是早起的鳥兒。這兩種類型沒有誰對誰錯，只不過如果你是早起的鳥兒，趴踢狂歡到凌晨四點對你來說就會很痛苦，而如果你是夜貓子，一定不會喜歡一個需要早上六點就得通勤的工作。

夜貓子跟早起的鳥兒分別落在正常晝夜規律的光譜兩端。夜貓子可能需要一個超大聲鬧鐘在一大清早叫他們起床，他們還是會起來，他們並沒有失能。

怪誕蟲（寒武紀，距今六億四千萬年前）是照著一天二十一小時的規則在活動。也因此牠每年生日的間隔也就愈來愈長。

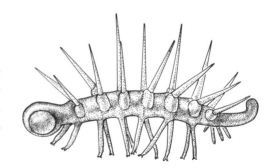

一天有多長？

　　一天不是精準的二十四小時。有許多不一樣的方式來測量跟定義一天，但通常我們所說的一天差不多剛好是二十三小時五十六分又多一點點。地球在軌道上運行得愈來愈慢，所以每世紀一天的時間都以1.7毫秒的速度在增加中。雖然聽起來不多，但這些時間是會累積的。大約六億兩千萬年前，當有機體剛擺脫了一團黏液的型態時，一天只有二十一點九個小時。不過到了恐龍時代，牠們應該有著跟我們差不多的生理時鐘，當時的一天大約是二十三小時四十分鐘。

時差

　　無論你是夜貓子還是早起的鳥兒，只要搭長途飛機跨越好幾個時區，一定有過時差的經驗。當你的生理時鐘被嚴重打亂時，就會產生時差──舉例來說，當

你的身體認為明明還是白天卻必須要睡覺了，或是覺得已經過午夜了卻得參加會議。

　　幾天之後，當你身處在某地的日夜規律中，便會將自己生理時鐘與該地時間同步，然後就會覺得好多了。

有辦法避免時差嗎？

　　褪黑激素是由大腦深處的松果體製造的化學物質，它在調整生理時鐘上扮演著重要的角色。當環境暗下來時，大腦便會製造褪黑激素，幫助身體在睡眠時控制體溫。實驗發現，十個人中有九個人在飛行後於睡前口服褪黑激素會減少時差。當往東飛並且跨越超過四個時區時，時差是最嚴重的，也是使用褪黑激素最有效的。

　　吃安眠藥入睡與喝咖啡保持清醒的組合，對於應付時差並不是個有效的方法，在飛機上睡覺也對降低時差沒幫助，除非那是你平常睡覺的時間，這些方法都沒辦法重新調整你身體裡的時鐘，而身體缺水會讓時差更嚴重，所以喝酒是不管用的。

　　如果你只有去旅行幾天，就沒必要重新調整生理時鐘。如果你是往東飛，不然就是得在你到達目的地後，待在黑暗的地方至少三個小時。如果你是往西飛，當你到達的時候就待在日光下。

青少年的生理時鐘

美國布朗大學人類行為學教授——瑪麗·卡爾斯卡登（Mary Carskadon）針對孩童及青少年的生理時鐘進行研究。她的發現驗證了任何青少年都會這樣跟你說——他們真的沒辦法早上七點起床並且正常活動。

在發育期時，大腦正在經歷許多變化，包含了生物身體時鐘的變化。這幫他們準備好面對青少年的生活，可以熬夜狂歡、看樂團表演，且不被無數的鬧鐘及咆哮的家長打擾而能睡到中午或更晚。卡爾斯卡登指出，不巧的是這沒有幫助他們面對早上八點到八點半開始的學校生活。

卡爾斯卡登表示，即使青少年早早上床也不會真的那時候就睡。為了上學早起意味著他們在週間處於一個睡眠被剝奪的狀態，週末就急著要補眠——因此才會睡到下午。青少年需要九又四分之一小時的睡眠，而平常又沒辦法在晚上十一點前入睡——有充足的睡眠並且準時到校對他們來說簡直就是不可能。她的研究顯示，上學時間無法符合青少年生理需求的情況，這對他們有許多影響，包含學習表現不佳及精神不濟。卡爾斯卡登認為學校的時間應該配合青少年的生理規律來調整，但這可能對其他所有人造成困擾，因此改變學校時間不太可能實現。

使用會發出光線的科技產品，特別是會讓人亢奮、讓身體充滿腎上腺素的遊戲更會讓睡意全無。青少年在深夜使用手機使他們與正常作息時間脫鉤的情況更加嚴重。

睡眠疾病？

太少的睡眠也會導致精神失常，包含憂鬱症。心理學家珍・安索（Jane Ansell）發現在蘇格蘭大約有50%的青少年有睡眠剝奪的情況。有的孩子被誤診為過動症（ADHD）以及其他精神問題——但他們真正需要的只是更多的睡眠。

社交時差

有些青少年的情況更嚴重，並且深受生理時鐘與正常作息時間無法配合的困擾，這種情況被稱作「睡眠相位後移症候群」（DSPD）。如果這個症狀在青春期開始時出現，通常會在青春期結束時消失，但如果這個症狀於兒童早期就發生，通常會是一輩子的。根據統計，這個症狀影響著0.15%的成人。

對於受這個症狀困擾的人來說，這就像永久的時差一樣，因此被稱為「社交時差」。這個症狀有時可以透過藥物改善，或是搭配持續、謹慎的人工日照療程，以及結構性地改變睡眠時間。許多患有DSPD的人都被與懶惰、反社會或是意志力薄弱劃上等號。有些人選擇做夜班的工作來與這個症狀共處。

生物時鐘（biological clock）圖解

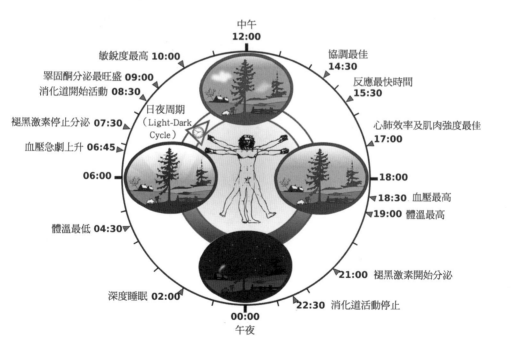

強制關機？

輪班制的工作者的生理時鐘被不斷打亂，這可能造成嚴重的傷害。一個於2014年發布的研究發現，夜班的工作會打亂一些基因，那些基因原本在一天中會顯示出不同活動程度。我們近6％的基因會受影響，而它們並

不是平均地被打亂，結果就變成身體的不同部位依照著不同的生理時鐘運作。研究人員將這種情況比喻為一棟房子，其中每個房間的時間設定都不一樣，它產生的影響包含了生理及精神上的傷害，例如過重、糖尿病及心臟疾病。

第11章

有可能會無聊「死」嗎？

「無聊」可能比你以為的更有聊。

如果你有小孩，你應該很熟悉休假時聽到這樣的抱怨：「我好無聊」。「無聊」有什麼存在的意義嗎？為什麼我們覺得無聊？

這個無聊的洞穴……

史前時代的穴居人（與穴居女人）會覺得無聊嗎？是因為這樣他們才在牆上畫畫嗎？如果是這樣的話，那女人們就是最覺得無聊的，因為研究比對了手指與手掌的大小，顯示大多數的圖都是女人畫的。從有些洞穴上方有著用許多手印組成的圈圈看來，當她們畫夠了能認得的東西以後，似乎就玩起了看誰跳得高的遊戲。

> 「無聊乏味不會是最終產品，相對而言，它只是生活和藝術的早期階段。在出現明朗的作品之前，你必須像通過過濾器那樣篩選或經歷無聊。」
>
> —— 史考特·費茲傑羅（F. Scott Fitzgerald）

如果在洞穴裡沒什麼事好做，你可能也會畫一些動物，或是描出自己的手掌……

白晝惡魔

做一件沉悶事情的無聊跟沒事做的無聊不一樣。

「思緒一直不斷地在篇章與篇章中打轉……整本聖經的經文都是善變及漫無目的。」

——聖約翰・卡西亞(St John Cassian)，西元360-435年

許多人有著很無聊的工作——他們在倉儲或超市裡把東西從貨架上拿下來，放到推車上完成訂單，或在人去樓空的大樓清潔地板。他們做著沒有成就感、不需要與其他人接觸或一再重複的單調工作，我們不難看出這樣的工作有多無聊。

其他有些人有著不應該無聊的工作，但他們還是覺得不滿意。即使我們的工作基本上是自己感興趣的，依舊盯著電腦螢幕或窗外、玩弄手機、滑滑社群網站，這並不是現代才有的新問題。中古世紀的僧侶將這樣的神遊視為懶惰（acedia），並稱之為「白晝惡魔」（一個此後適合抑鬱症的名字）。沙漠之父們——那些早期將時間花在沉思、哲學思考及學習的基督教修士對白晝惡魔並不陌生。這跟單調或沒事做的無聊不同，儘管我們有具挑戰性跟吸引力的事情要做，還是會屈服於令我們分心的事情。

一些早期的作家發現在獨處狀態下要試著專注在用腦工作上是困難的。卡西亞寫道，保羅住在沙漠中但有著生活所需的一切，他每天都花時間用椰棗樹做東西，然後在一年的尾聲把它們全燒掉，因為他說「……如果不用雙手工作，修

士是無法堅守崗位的，也不可能往上再更接近聖潔的巔峰，儘管他絕對沒有維持生計的必要，這樣的勞動可以讓心靈徹底淨化，讓思緒穩定，鍛鍊毅力且征服並推翻惰性。」

　　這讓人想起了「一閒生百邪」這句俗諺，一位沒事做的修行者一定要做點什麼事，因為閒閒無事是很危險的。這也指出正是需要用腦的工作讓我們很容易就神遊或是厭煩。修士必須動手幹活，他才能忍受需要用到腦力的工作。

「懶惰的惡魔——也被稱作白晝惡魔——是造成最嚴重麻煩的一個。他會在第四小時對修士們發動攻擊，並將靈魂圍困到第八小時。首先，他會讓太陽看起來幾乎沒有移動，然後一天就像五十個小時那麼長。接著，他強迫修士不時往窗外看，走出房間去仔細地盯著太陽，看看離第九小時還要多久，時不時地這邊看一下、那邊看一下，看說不定有其中一個弟兄從他的房間走出來……這個惡魔會驅使他去其他地方，在那裡他可以更容易取得生活所需、找到工作並真正實現個人成功。」

——獨居者 埃瓦格里烏斯（Evagrius），西元345-399年

「我的靈魂對自己沒耐心，就像是和煩人的孩子在一起一樣，心裡一直產生躁動，而且永遠都一樣。我對每件事都感興趣，但沒有一件事抓得住我。我全力以赴，一直在做夢。」

——費爾南多‧佩索亞（Fernando Pessoa），詩人及作家，1888-1935

手和腦

現代腦神經科學提出了另一個可能性，比起讓聖人分心的惡魔這種說法來得實際。有個老鼠的實驗揭露出，缺乏身體活動實際上會改變腦細胞的形狀。

底特律韋恩州立大學醫學院的研究團隊，將十二隻老鼠分為兩組。一組被放進有滾輪的籠子後很快地一天就跑了五公里；另一組被放進沒有滾輪的籠子，因此有著久坐不動的生活方式。三個月之後，不活動的老鼠的大腦神經新生出三條分支，這讓牠們對刺激格外敏感，並且容易對大腦送出緊張訊號。研究團隊原先是對心臟疾病的關聯感興趣，但卻發現因缺乏活動造成的「不安大腦」，似乎不僅僅是一種簡單的分心傾向，而是實際的神經系統現象。

厭倦了沒事做

因為沒事做而無聊跟沒辦法全神貫注在手邊工作上完全

是兩回事。因為沒事做產生的無聊分為兩類，總共有三種不同的無聊：因為枯燥的工作而無聊、懶惰（acidia）以及因為沒事做而無聊。也是有可能因為有太多活動選項而無聊。

　　舉例來說，小孩在放假的時候覺得無聊，有可能是選擇太多——騎腳踏車、玩玩具、跟朋友玩或者做家事（最好是）——但沒有一個選項特別誘人。

　　這個就跟在做一件事覺得無聊的時候一樣，是無法集中注意力的。沒有一個活動可以抓住孩子的注意力，然而關在牢中的無聊犯人則是被制止做任何事。

「她感嘆地說：『我的生活很沉悶』……」
——畫家布里頓（W.E.F.Britten）對詩人丁尼生（Tennyson）筆下無聊的女主人瑪莉安娜所繪製的速寫

> **太多選擇**
>
> 　　有太多選擇跟有太少選擇一樣糟。舉例來說，如果一間餐廳只有三或四種套餐菜單，就很容易從裡面選擇，但如果有好多頁能提供不同選項的菜單，你就會發現很難下決定。

我的父母發現要孩子吃東西最棒的方式就是只給兩種選擇。即使兩個都不是他們真正想要的，他們會知道所選的比另一個好。但給出太多選擇，會讓他們認為其他的東西又更好。

無聊死了

　　「無聊死了」一詞第一次出現是在狄更斯（Charles Dickens）的小說《荒涼山莊》（Bleak House）中，這本小說確實是第一個這樣使用「無聊」這個詞的意思。

　　我們通常都把無聊當作某種不重要的東西，但它其實與憂鬱症及焦慮症有關。無聊——沒事做——也被當成犯罪及反社會行為的罪魁禍首，並且被跟一些危險的行為牽連在一

塊兒，例如吸毒跟賭博——人們找尋刺激來逃離他們無趣的生活。

因無聊造成的痛苦受到認證，被全世界的監獄用來作為懲罰，不過取得正確的平衡是很重要的。無聊是一個攸關生死的問題，如果囚犯太無聊是有可能會致命的。在英國的長朗丁監獄（Long Larton prison）中，發生了囚犯殺囚犯的事件，當問

> 「我要無聊死了。這個地方讓我無聊死了，我的生活讓我無聊死了，我要被我自己無聊死了。」
>
> ——《荒涼山莊》中的戴德洛夫人（Lady Deadlock），狄更斯，1852-53年

到他為什麼要這麼做時，他說：「我好無聊，就找件事來做。」這也回應了許多「無聊」青少年的藉口，他們在牆上寫字、踢倒公車亭、甚至毆打年長者。

十七世紀的哲學及數學家布萊茲・帕斯卡（Blaise Pascal）認為無聊不僅是瑣碎的小事，他將之視為一種生存於世上的焦慮，這種焦慮只能藉由給予生活意義才能解除——身處在十七世紀的法國，這個意義就是神：「**我們在對抗障礙的掙扎中尋求休息。當我們克服障礙時，休息就會變得無法忍受，因為它帶來的無聊……只有永恆不變的物體——就是**

神——才能填滿這無限的深淵。」——《思想錄》，作者死後出版（帕斯卡死於1662年）

而後馬丁‧海德格（Martin Heidegger 1889-1976）及叔本華（Arthur Schopenhauer 1788-1860）都承接了這個主題，並可預見地得出了一個陰鬱的結論。叔本華維持了一樣的論調——如果生命本身有任何真正的價值，我們便永遠不會無聊，因為生命本身就已經足夠。海德格儘管對生命的判定並沒有那麼慘，但他還是同意：

「深刻的無聊，像團慘霧於我們存在的深淵中四處飄盪，將所有的事物、人以及自我與它一起帶入顯而易見的漠然。這個無聊展現出一個整體。」——馬丁‧海德格 1929年

那……你該拿無聊的孩子怎麼辦？

首先，就讓他們無聊一下！感到無聊是很有用的；無聊是許多創意之母（見P.120對話框）。孩子們需要學習管理自己與時間——這是重要的生活技能，他們必須找出自己對什麼事有興趣、什麼沒興趣，如果只是不斷地被填塞不同的娛樂，就沒辦法發現自己的嗜好。心理學家認為唯一一件你真的不該做的，就是把孩子丟在電視或電腦螢幕前。螢幕前的活動會使大腦分泌少量的多巴胺——一種幫助學習與專注的化學物質，這會讓孩子很容易習慣多巴胺分泌較高的螢幕活動，因此在多巴胺分泌較少的活動上就更難專注。你會發現

太常盯著螢幕的孩子，在從事非螢幕活動時較難專心。如果你打算之後才要讓他們戒掉螢幕時間，這會比現在就幫他們找出興趣還困難。

當然，這道理也適用在你身上，如果你覺得無聊，打電動、上社群網站或是追劇會讓你現在開心，之後你可能會更容易覺得無聊。

螢幕還是尖叫？（Screen or Scream）

全世界最簡單的事就是把幼兒丟在電視機前或給他們一台平板，但是美國兒科學會建議你不要這麼做。他們提倡的兒童使用電子產品時間如下：

- 二歲以前：完全不要。
- 三到六歲：每週四到六小時，螢幕活動內容必須事先討論並仔細挑選。
- 六到十四歲：每週六到八小時（祝各位家長好運！2010年的一個調查發現，八到十八歲的年輕人平均每天花費7.5個小時在電子產品上）。
- 十四到十八歲：讓他們與你討論後，自己設定使用時間，他們必須學習自律。

第12章

你可以多殘酷?

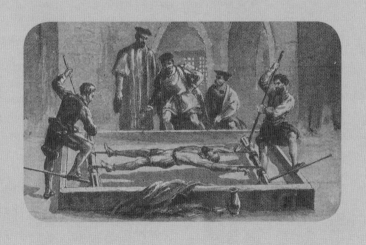

你可能覺得自己永遠不會傷害沒傷害你的人,
但你能肯定嗎?

你願意只因為某人叫你這麼做，便對一個無辜的人施以電擊嗎？不願意？你確定？我們容易受威權影響的程度遠大於自己以為的。

> 「當你回想人類漫長且陰暗的歷史時，你會發現以服從之名犯下的可怕罪行，比以反叛為名所犯下的罪行還多。」
>
> ——史諾（C.P. Snow），小說家，1961年

羅恩·瓊斯的學生們對他關於納粹德國的描述持懷疑態度是很正常的反應（見P.52），大部分人很難相信如同你我的一般德國民眾，會被說服去折磨跟殺死自己的同胞。變成納粹的德國人到底是哪裡不一樣呢？

米爾格倫實驗

耶魯大學心理學家斯坦利·米爾格倫（Stanley Milgram）對於許多前納粹黨員的辯護內容感到興趣，他們表示自己只

是遵守上級命令。米爾格倫很好奇普通人會遵從命令到何種程度，他決心要找到答案。

1961年時，米爾格倫招募了四十位志願者來幫他進行學習的研究，所有人的年齡都介於二十到

五十歲之間（這麼一來，便可比照納粹德國時期可能成為親衛隊的人）。他告訴這些人，他們會被隨機分配到學員或導師的角色，但事實上所有的志願者都被指派為導師，而所有的「學員」都是米爾格倫的共謀——被交代角色扮演的演員們。導師們被指示要問隔壁房間內的學員問題，同時也被告知該學員會被綁在椅子上且身上連著兩條電線。如果學員答錯，志願者（導師）便會被要求電擊他們，志願者已被告知電擊很痛但不會造成傷害。電擊的威力從輕度開始，但隨著學員答錯愈多題，電擊的力道就愈強烈，會從十五伏特逐漸增加到四百五十伏特——這已經是危險程度的電擊。

> 「有沒有可能艾希曼跟他上百萬的幫兇在大屠殺中只是遵守上級的指令？那我們可以把他們都稱作幫兇嗎？」
>
> ——斯坦利·米爾格倫，1974年

編排好的酷刑

可以聽到學員們尖叫、在椅子上掙扎，乞求釋放，他們很顯然地遭受到愈來愈多的痛苦。照著劇本，到達三百伏特的電力時，學員就摔到牆上請求著讓他出去。超過那個程度的電擊，學員就會沉默，不再給出任何回應，而志願者則被告知沉默會視為錯誤的答案並持續增強電擊。研究人員與志願者坐在同一個房間，如果志願者對實施電擊感到遲疑，研

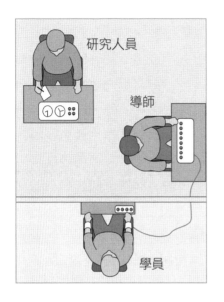

究人員便要照著以下的提
示腳本順序鼓勵志願者：
1. 請繼續。
2. 這個實驗要求你繼續。
3. 你務必得繼續下去。
4. 你沒有選擇，只能繼續。
　　你可以在網路上找到這
個實驗的聲音與影片檔案。

說「是」就對了

　　米爾格倫發表的結果令人震驚，所有的志願者都會執行
電擊到三百伏特的強度，更有三分之二（65%）的志願者繼
續執行到最高的四百五十伏特。米爾格倫總結說，人們有一
種無法抑制地去服從威權人物的衝動──即使是一名像研究
人員這樣沒有權力的角色。

　　米爾格倫在聽取志願者的彙報後向他們解釋實驗過程，並
記錄下他們的反應。他根據志願者的回答確立了三種類型：

　　• 服從，但為自己辯護──他們把責任推給研究人員，

或在某些情況下把責任推給學員（認為是學員太笨才會一直答錯）。

- 服從，但責怪自己——他們對自己做的事感到難過。米爾格倫認為這類人如果未來發現自己處在相似的狀況中，可能會有不同的舉動。

- 抵抗——拒絕繼續進行實驗，提出相較於實驗的需求，學員的福祉才是最重要的

服從的後果

米爾格倫重複進行多次實驗，之間也更改某些設定來找出何種因素會影響服從的程度。他發現服從的程度在神聖的耶魯大學環境下會

比較高，但在市區中的破爛辦公室就比較低。服從程度在研究人員穿實驗白袍時較高，普通穿著時較低。當威權象徵（研究人員）在房間內時，人們的服從度比起研究人員透過電話指示高。最後，當不用自己按下按鈕執行電擊，而將這個任務交給助理時，人們的服從度會顯著提升。

「我在耶魯大學安排了一個簡單的實驗,用來測試一般人僅僅因為被一個富實驗精神的科學家要求,就可以加諸多少痛苦在另一個人身上。威權與受試者(參與者)對於傷害別人的最高道德標準背道而馳,受試者(參與者)的耳邊響起受害者的尖叫聲,代表著往往都是威權獲勝。成人在權威的指揮下幾乎不擇手段,是此項研究的主要發現,也是最迫切需要解釋原由的事實。」

——斯坦利·米爾格倫,1974年

米爾格倫的代理人理論

米爾格倫提出了「代理人理論」以解釋一般人為何會做出駭人聽聞的行為。他指出我們有兩種不同的狀態:自主的與「代理的」。在自主狀態下,人們做出選擇並對自己的行為負責;在代理狀態下,他們充當代理人,執行命令並認為自己的行為不須承擔任何責任,因為指令不是由自己下達的。

米爾格倫表示,當面對權威象徵時,大部分的人會經歷「代理轉移」,從自主的狀態切換到服從的狀態。這說明了為什麼1968年美國士兵會遵從上命在越南的美萊村殺死手無寸鐵的村民們;為什麼賽爾維亞士兵會在波士尼亞強暴婦女

並將此視為戰爭的行為；以及解釋了這二十年來發生在盧安達、波羅的海國家與伊拉克無辜人民身上的無數暴行。但有許多人抨擊此理論沒有機制可以來證實這種轉換，並且很難看出要怎麼衡量（如果這個轉移是確實存在的話）。

> 「樸實地做著工作且不懷任何惡意的普通人，能在可怕的破壞性過程中成為代理人。更糟糕的是，當他們做的事所造成的破壞顯而易見，而且被要求做出與基本道德標準不符的行為時，相對少數的人擁有對抗威權需要的資源。」
>
> ──斯坦利·米爾格倫，1974年

是真的嗎？

不僅米爾格倫的方法受到批評，領導志願受試者，讓他們以為自己在傷害別人的實驗倫理也遭到非議（有數位志願者在實驗中很顯然承受了極大的痛苦，但實驗結束時有向他們說明來龍去脈，且米爾格倫在一年後追蹤後續，沒有任何人受到長期的傷害）。

心理學家吉娜·佩里（Gina Perry）在2013年發表了她針對米爾格倫檔案的研究：他呈現出來的結果中有些是經過挑選的，他合併了所有的實驗來得到65%的服從比例。有些志願者曾懷疑過實驗是個騙局，有些則假裝「增加」但實際上

偷偷調弱電擊強度（但尖叫聲還是變大）。有些則要求檢查學員，或是自己跟學員交換位子（這些要求都被拒絕了），而研究人員常常脫稿演出來霸凌或脅迫志願者，逼他們要遵照指令。況且，米爾格倫的樣本是美國男性的自選群體——這有辦法代表一般民眾嗎？不論米爾格倫的實驗結果是不是可靠、數據是不是精確，很顯然地有好一部分人服從的程度是足以做到嚴重傷害別人的事。也許我們內心存在的不是納粹黨員，而是令人震驚的傾向，人家告訴我們怎麼做就怎麼做，即使我們對那個命令的道德觀或是否明智有所質疑。

可靠消息來源指出

1960年在耶路撒冷，納粹戰犯阿道夫・艾希曼（Adolf Eichmann）在他的審判上不斷地提及自己的角色是無能的服從者，儘管如此辯稱，他曾主導了組織大屠殺的計畫。他把自己描述為「拉馬車的眾多馬匹之一，沒辦法向左或向右閃避，因為那是駕駛馬車的人決定的。」

「從我小時候開始，服從就是某種我沒辦法從自己的系統中去除的東西。當我二十七歲進入軍隊時，發現服從並沒有比我那時的人生困難多少，我若沒服從才是不可思議的事。」

「我個人與這個事件沒關係。我的工作就只是觀察然後回報。」

「服從命令對我來說是最重要的事，有可能那是身為德國人天生的。」

「現在，當我回頭看，我意識到服從及接受命令的生活確實是非常舒適。以這種方式生活可以將自己的思考需求降到最低。」

——阿道夫・艾希曼，1960年

第13章

你幹嘛浪費我的時間？

浪費人家的時間是不可原諒的，
所以你必須說服他們這不是浪費。

我們不喜歡浪費時間，我們知道時間是有價的東西，所以如果不得已浪費了就會感到很沮喪。不管怎樣，大多數人還是浪費很多時間——如果是你自己選擇看一些垃圾節目或窗外的星星的話，那就不一樣了。其實我們真正不喜歡的是被迫等待，而且是當下很顯然地也沒在做任何事的時候。

靜靜地排隊

這或許聽起來不太可能，但確實有人專門在做排隊管理——讓排隊的人守秩序，並且讓他們覺得這是他們有過最好的排隊經驗。因為當人們覺得被忽略就比較容易暴躁，他們會製造麻煩、也不想花太多錢，或甚至不會再回來光顧。小小的投資在排隊管理上是值得的。

提供等待或排隊相關服務的組織善用了心理學的研究。如果顧客可以被

人們排隊的意願跟他們覺得自己可以得到什麼是直接關聯的。他們不會排很久的隊只為了買一點點東西，特別是當排在他們前面的人大量購物時，他們就會耗費更多時間——不只是更多東西要結帳，而且也會受到結帳人員的更多關注。

說服排隊是開心的，就比較不會抱怨店家的服務，也更有可能再次光臨。

華特・迪士尼（Walt Disney）就雇用了七十五位工業工程師到全世界的迪士尼樂園幫他處理排隊管理。

太有效率的機場

休士頓機場曾接到許多乘客抱怨說等待行李的時間太長。機場便雇了更多的工作人員來處理，以讓行李運送更快速。平均等待時間縮減到八分鐘——但是抱怨的程度還是維持不變。

機場接下來的處理方式簡直是神來一筆。他們將行李提領處移到離機門更遠的地方，這麼一來，在接近行李轉盤前，乘客必須走更遠的距離——所以就把大多的等待時間「走」掉了。本來需要等待八分鐘的，現在走路要花六分鐘，然後只須等兩分鐘。客訴從此停止了，人們便不再覺得他們在浪費時間。

我需要等多久？

人們通常超估需要等待的時間。如果被問及等候了多長時間，他們會宣稱自己等待的時間平均超出實際等待時間36%之多。

排隊憤怒是個跟路怒[*]一樣真實的現象，但如果有持續向排隊的人更新前方狀況，這個現象就會降低，也就比較不容易發怒──除非等待的時間比他們被告知的長。有些主題樂園的廣告稍微誇大了遊樂設施的等待時間，因為這麼一來，人們就會驚喜大於失望，在離開的時候甚至覺得並不需要等太久，還會認為自己戰勝了體系。例如正常狀況下，人們可能會抱怨必須等三十分鐘，但如果實際上預計是要等四十分鐘，就比較不容易抱怨，因為他們反而覺得「提前」了十分鐘。

＊ 譯註：路怒指的是駕駛人帶著緊張憤怒的情緒開車。

你什麼也沒做

另一個讓人們保持冷靜的方式是給他們一點事做，例如看電視廣告或新聞。在我們必須或坐或站而無所事事的任何地方，螢幕從各處蹦出來，你可以在公車上、火車上、郵局、醫院候診室觀看電視新聞。

或是我們可能會被像飯店接待大廳的糖果，或診所、髮型沙龍的免費咖啡這類的東西獎勵（賄賂）。這些糖果咖啡對你寶貴時間來說根本微不足道，但人們並不這麼想，反而覺得自己的時間的價值被認可，也獲得了一些回報——不去在意獲得的回報實際上並無價值，你潛意識需要被重視的需求得到了滿足。

> 「排隊的心理學往往比等待本身的數據還重要。」
> ——理查·拉爾森（Richard Larson），麻省理工學院的「排隊博士」

不用擔心

人們不喜歡等待的其中一個原因，是因為這讓他們感到焦慮。他們擔心失去的時間，有時擔心等待之後面臨更可怕的狀況（例如去看牙醫時），如果等待的時間太長，也可能擔心自己被遺忘了。

跟某人講話，或是被移動到不同的區域會幫助人們感到較不焦慮，因為他們相信自己現在正被「注意到」或「被處

理中」—— 他們的事情已經進入作業程序。比起等待事情開始被處理，等待是處理過程的一部分會讓人感到比較不討厭。因此，儘管這兩者在等待時間上並沒有差異，如果你在等了十五分鐘後，從某個等待室被移到另一個，這感覺會比較不令人沮喪。

如果護士快速地詢問了你的病史或是請你填寫問卷，你會覺得更舒坦，因為你好像不再是在浪費時間—— 即便護士根本沒有用你提供的資訊做任何事。

可以知道你前面有幾個人在等，並不是真的告訴你還需要等多久，但當號碼跳的時候你就可以看到進度。

當等待變成商品

你有在新的iPhone開賣當天路過蘋果門市嗎？那排隊的人龍往往是繞整個街區一圈—— 而且沒人在意要排隊。為了最後一集哈利波特小說的開賣，人們也是一樣在午夜就開始排隊。這跟排隊要搶打折、人氣演唱會或音樂祭的票不一樣—— 這些活動的供貨是有限的而且只有一次購買機會。只要還賣得掉，沒人會相信蘋果不會再繼續生產iPhone，他們只是沒辦法在開賣第一天就全部供貨。

這種限量的假象是由高售價以及排隊製造出來的。人們會花許多時間排隊只為了比其他人早點拿到新手機，他們還會自誇說自己排了多久的隊，並與其他排隊的人建立起交情。

失去控制權

我們不喜歡等待的其中一個原因，是因為感到自己沒辦法掌控情況。在心理學上的說法是「失去主控權」讓我們感覺不舒服。主控權是一種感覺，我們以獨立的個體行動，命運是掌握在自己手裡，它是賦予權力與自決的綜合體。

大規模地失去主控權對人們是很嚴重的傷害，會導致沮喪、憤怒，甚至憂鬱。當被要求說明他們的個人經歷與情況時，憂鬱症的人時常會將問題的來源放到自身以外，他們談論發生在他們身上的事，以及其他人所做的對他們造成很大影響的事。沒有憂鬱症的人傾向將自己放在故事的中心，他們會說自己做了什麼事，或是他們對外界事件的反應，不會將外在的事件當成操控人生的力量。

麵包、馬戲團跟達人秀

　　人們可能會因為失去主控權而分心，很多政治體系都試圖這麼做過（且常常都成功）。當人們覺得自己權力被剝奪時，他們會抓緊任何看似賦予權力的情況，或是任何可以明顯證明其價值的事。

　　人們現今被超出他們控制的經濟及政治力量打擊，因而感到無力。作為回應，他們透過票選達人秀、實境節目參賽者，並在社群網路及新聞網站的討論串上「讓自己的聲音被聽見」，用這些方式來取得小小的主控行為或是假主控。你有投達人秀的冠軍一票嗎？是你造就這件事的。你有在推特發文，表達對新聞故事的厭惡嗎？你是「對話」的一部分。

> 「從很久以前開始，當我們將選票賣給什麼都不是的人，人民就已經放棄了我們的職責；對曾經親手交出一切的人民來說——軍事指揮權、高級公職、軍團，現在限制住了自己，並且焦慮盼望的只有兩件事：麵包跟馬戲團。」
> ——尤維納利斯（Juvenal）的《諷刺詩集》（Satires）

沒作用的按鈕

你見過十字路口那些看起來好像會幫你轉換號誌的按鈕嗎？通常它們根本沒作用。紅綠燈是設定在一個固定的頻率，而那個按鈕對紅綠燈沒任何影響。這些沒作用的按鈕到處都是——被叫做「安慰按鈕」，從拉丁文的「我讓你開心」

（placebo）而來。通常電梯裡的「關門」鈕也是沒作用的，但這些按鈕給我們一種主控的感覺，讓等紅綠燈或電梯變得比較不那麼屈服。

第14章

為什麼沒人肯挺身而出？

沒對身陷麻煩的人伸出援手不是無情，
事情比那樣更複雜。

你有目睹過發生了什麼壞事，但周圍的人都只是路過卻沒伸出援手？或許你也是路過但沒幫忙。有時候我們告訴自己「不要惹上麻煩」，如果是家庭糾紛，可以說那不關我的事；如果是危險的情況，可以說我們不想讓自己受傷。可是如果情況是有人發生意外、昏倒，或是癲癇發作呢？當情況不需冒生命危險或是沒有冒犯別人的風險時，人們還是照樣路過。

　　這個狀況不僅發生在幫助他人時──也可以延伸到保護自己上面。

凱蒂・吉諾維斯凶殺案

　　凱蒂・吉諾維斯（Kitty Genovese）是義大利裔美國人，1964年她在紐約被攻擊並殺害。攻擊他的人──溫斯頓・摩斯里（Winston Moseley）在五十年後，作者還在寫這本書時，仍然因這樁凶殺案被關在大牢中。根據這起案件發生時的報導，當時有三十八個人目擊或聽到了攻擊的發生，但沒有人出來幫助凱蒂。事後的輿論指出，雖然有這麼多人注意到攻擊事

件，卻沒半個人幫忙。不論事實如何，這個事件觸發了對
「旁觀者冷漠」的深遠研究——現在常被稱為「旁觀者效
應」（genovese syndrome）。

誰會幫忙？

介入凶殺案可能很危險，但替癲癇發作的人求救顯然看
來是個有人性的人該做的事吧。然而，令人驚訝的是，很少
人會真的出手援助。

1968年時，受到凱蒂凶殺案的驅使，約翰・達利（John
Darley）和畢博・拉塔內（Bibb Latané）在哥倫比亞大學安
排了一個測驗，想要測試看看人們是否會幫助有困難的陌生
人。他們實際上是跟志願者說參加的是一個關於個人問題的
心理學研究，跟一般的心理學實驗一樣，那個理由只是個藉
口。研究中討論的議題是很私人的，所以整場討論都是透過
對講機進行，重點是參與者們不能見到彼此，每場測驗會有
其他一位、四位或僅有自己一位參與者。

在討論的中途，有位參與者（實際上是與實驗人員串通
好的成員）會假裝癲癇發作。他講話會開始結巴，表示自己
不太舒服，接著變得很痛苦，然後說自己感覺快死掉了。其
他的參與者除了可以透過對講機聽到整個過程，也可以透過

對講機聽到彼此。而這些參與者在實驗開始時被告知一件很重要的事，就是所有人都要保持匿名，因此衝去幫忙那個人會破壞這個匿名制度。

達利與拉塔內發現，有愈多人參與討論的場合就有愈少人願意伸出援手。儘管他們看不到其他參與者，但知道有其他人的存在。事發之時，每個人似乎覺得自己對那個受苦中的陌生人責任不大，認為附近的其他人才該負責。不同背景、性別在對於是否幫助別人的表現上沒有差異。當參與者只有單獨一人時，他們幫忙求助的比例是85%，而當有幾個人參與討論時，這個比例就掉到31%。

「我……呃……我想我……我需……呃……如，如果可以……呃……誰……呃呃呃呃，救……救……救救我，因為，呃，我，呃我，我有……呃呃……我現在，真的有，有，有困難……如果有人可以幫幫我……就……呃……就太好了……因為……我……因……我……癲……癲癇發作……真的……需要……呃……有人來……呃……幫幫我……誰……呃……誰可，可以幫……呃呃呃呃……可以幫幫我……幫……咳咳咳咳（嗆到的聲音）……我快死……咳咳，我……快死……幫幫……呃……癲癇……咳咳（咳嗽，接著安靜）。」

——達利與拉塔內的癲癇劇本，1968

不是不關心

　　沒有去求助的這些人並不是對受苦的人沒有感同身受，他們表現了擔心跟感到難受的徵狀，包含了流汗及發抖。面對這個癲癇發作的人，他們似乎陷入了困窘或破壞實驗的兩難中。當沒有其他參與者時，多數人比較有幫忙的意願，但當有其他參與者在場時，他們很顯然地期待之中有哪個人會挺身而出，沒錯，他們仰賴某人來做這件事。

漠不關心

　　2011年在中國的佛山市發生了一名兩歲的女童被一台貨車輾過的意外。這個叫悅悅的女孩在路上躺了七分鐘後再次被輾過，但路人從她身邊走過、騎腳踏車經過，一直到最後終於有一位女士把她移動到馬路邊，她最後因為所受的傷而死在醫院。

　　隨之而來的全球憤怒都聚焦在中國社會會如何變化上。需要替女孩的醫療費用負責的風險或許是讓人們不願幫忙的因素，廣東省研討了要制定法律，將忽視遇險者的行為視作違法。但這種行為跟是不是中國人無關，2009年在加州的里奇蒙，有二十個人目睹了一個十五歲女孩的姦殺案，卻沒半個人去求救或干預。有些人甚至用手機錄影，而有些旁觀者事後表示以為那是在開玩笑，是人們在胡鬧，但終究還是沒有人去確認，沒有人問女孩她是不是需要幫忙。

霸凌者怎麼脫身

　　如果人們對強暴或謀殺，甚至是幫助受傷兒童都不會挺身而出，那霸凌者欺負完他們的目標可以全身而退好像也不那麼意外了？不論是在工作場合或是學校操場，人們對霸凌現象視而不見就跟他們無視有困難的人一樣。而且愈多人知道情況，就愈多人把它視為「不是我的問題」，並把這件事丟著，然後期望別人去處理。

我們一無所知

不去干預的原因之一便是心理學家所稱的「多數無知」（pluralistic ignorance）。如果周邊有其他人，我們會先看看別人的反應是什麼，即便那是緊急狀況或有人需要幫助，但如果其他人都沒有反應，我們會認定是自己誤判了情況。人們不想看起來像傻瓜，所以就選擇跟大多數人一樣，但如果大家都這麼做，而且沒半個人知道實際上到底發生了什麼事，那個有難的人就會孤立無援。這就是為什麼在滿滿都是人的海邊，還是會有人溺水。人們不是漠不關心，他們只是不認為情況緊急。

那個煙是什麼？

達利和拉塔內與前述測驗的參與者們又做了另一個測試，但這一次是讓參與者自身處於危險之中。他們將參與者們安置在房間內填寫問卷，過了一下子，開始有煙霧滲進房間裡，煙霧愈來愈濃，直到幾乎看不太到東西。當參與者們是單獨在房間裡的情況，有75%的人會想辦法通報問題，但如果當他們和其他兩個人在房間內，而另外兩個人無視煙霧的情況時，只有10%的人會發出警報。

他們寧願冒嗆死或燒死的險，也不願意因為發出假警報而害自己丟臉。

第15章

這就是
最好的
「你」嗎？

你是誰？你想成為誰？這兩個是一樣的嗎？

個人成就感的追尋可以回推幾千年前。縱觀歷史，哲學家跟各種宗教領袖都提出人們可以提升自己與生活的方法。現在心理學家也加入這個行列，整個心靈雞湯類的書籍產業在我們成堆的不滿中開花結果。你如何能最有效地利用自己和自己的時間呢？

什麼是自我實現？

這個目標可能被稱為啟示、救贖或個人成就感，或是更近代的說法——自我實現，但不論什麼稱呼，它都是關於好好地過你的生活，讓它充滿意義與真善美。而宗教中常常施加一種「活得好」的先入為主觀念，而自我實現則是關於實現你的潛能，成為你認為應該成為的人——你理想中最好的「你」，這對每個人來說都不一樣，每個個體所追尋的都不同。

> 「一個人可以成為什麼樣的人，他就必須成為那樣的人。這種需要我們可稱之為自我實現……這指的是對自我實現的渴望，也就是說一個人有去實現自己擁有的潛能的傾向。這股傾向可被稱為一個人渴望成為愈來愈多的自己，成為任何他能夠成為的一切。」
>
> ——亞伯拉罕·馬斯洛

實現

　　馬斯洛視自我實現為人類成就的巔峰。他將其放在需求金字塔的頂端（見P.33-34），並表示這個階段只有在所有較低層的需求都被滿足後（從食物到自尊及他人的認可），人們才會試著滿足它。他宣稱只有1～2%的人曾達到自我實現，而我們大部分的人都停留在為了追求溫飽、有地方住和有一台還可以的車而忙碌。不過對馬斯洛來說，「人們」主要指的是二十世紀中期的美國男性，這些並不是「大部分的人」（特別是對現在來說）。看看自己的周邊，可能有很多人在我們看來都在自我實現，而他們並不見得已經滿足了馬斯洛金字塔底層的條件。

　　馬斯洛認知到並非所有人的需求順序都照著他的金字塔理論，而且對有些人來說，他們會用不同的次序來滿足這些需求。這是非常鼓舞人心的，因為這代表了即使別人不把你的觀點當一回事，或是你有慢性的健康問題，你依然能以自我實現為目標。確實，馬斯洛的需求金字塔理論與自我實現之間有一些衝突，馬斯洛所謂的「歸屬感」體現在獲得他人認同與尊重的需求中。然而他認定自我實現者的其中一個特質，是持續抱著不受歡迎觀點的能力——所以面對不被認同或不受尊重時，堅持下去會讓你更往金字塔頂端上跳一點。

心理學家佛洛依德

你是自我實現型的人嗎？

馬斯洛從他研究的自我實現者中歸納出幾個相同的特質：

- 對自己及他人有貼近現實的看法，而且接受自己是怎樣的人，並容忍自己的缺點
- 機智、獨立自主
- 看清現實並實在地評估狀況，不輕易受騙
- 自動自發

自我實現英雄榜

馬斯洛針對如何自我實現的研究是立基在他認定為自我實現的十八個人的經歷細節上。這十八個人包含：

- 亞伯拉罕・林肯（Abraham Lincoln）——美國總統
- 亞伯特・愛因斯坦——物理學家，諾貝爾物理學獎得主
- 愛蓮娜・羅斯福（Eleanor Roosevelt）——政治活動家，致力於女權與非裔美國人的權力（美國總統富蘭克林・羅斯福的夫人）
- 威廉・詹姆士（William James）——哲學家及心理學家（作家亨利・詹姆士 Henry James的哥哥）
- 西格蒙德・佛洛依德——心理學家

- 有擺脫傳統束縛的傾向，因為他們不會奴性地墨守成規
- 能包容不確定性
- 需要保有個人隱私及個人時間
- 極富創意
- 專注在他們自身之外的任務或問題
- 遵守著強烈的道德標準
- 能夠欣賞這個世界，並對其抱持著敬意與驚奇
- 比起廣泛且膚淺的關係，他們與少數關鍵的人有著深刻且滿意的關係
- 關心人類的福祉
- 有過「高峰經驗」（peak experience，見右頁對話框）

曾任南非總統的納爾遜‧曼德拉(Nelson Mandela)是一個高度自我實現的例子，他的一生都致力於南非黑人的自由和平等。

　　如果你是自我實現型的人，你很可能根本不需要問自己這個問題──你已經對自己是誰以及是什麼樣的人感到滿足，並且根本沒興趣再為自己找個標籤貼上。

高峰經驗

　　馬斯洛將「高峰經驗」認定為自我實現型人格的其中一個特質。高峰經驗指的是觀賞偉大的藝術或是大自然的美麗，抑或是學術上有了新的發現、或有了其他的個人成就時，體驗到強烈的愉悅感或啟示感。這種感覺是欣喜若狂又超凡的，甚至可能讓人覺得自身與自然或性靈有著強烈的連結，這種有益的反應在高峰經驗結束後仍會持續。

　　有過這種體驗的人，有時將這種高峰經驗歸類於宗教的或啟示性的，而馬斯洛指出，所有宗教的產生都是由某些先知或先覺經歷高峰經驗的結果。藥理研究曾利用精神藥物裸蓋菇鹼（psilocybin）重現高峰經驗的效果，裸蓋菇鹼是存在於「迷幻蘑菇」裡的成分，它曾被用在千年以來的宗教儀式上。

通往自我實現的道路

　　要自我實現就必須對自己夠坦率——畢竟這只關乎做你自己，但很多人發現這是非常難做到的。我們太擔心其他人的想法，太擔心要融入群體，還有要達成他人對自己的期望，畢竟，歸屬感是馬斯洛認定的需求之一。歸屬感是否和自我實現的「不需要被他人的觀點與期待掌控」互相衝突？兩者或許關係緊張，但並不衝突。自我實現者能留意到他人

對自己的期待，但有足夠的客觀及清晰的視野使他們能分辨哪些期待單純是不具挑戰性的行為，而哪些是根植在某些有價值的東西上，並且是值得追求的。

欣賞藝術產生高峰經驗的狂喜，有時被稱為「司湯達綜合症」(Stendhal syndrome)，它的由來是從司湯達去佛羅倫斯的旅行而來：「光想到身在佛羅倫斯，如此靠近那些偉大的人（我曾到訪過他們的墳），我就感到無比地喜悅。

整個人被吸入崇高的美中……我達到了天人合一的境界……所有的一切都這麼鮮活地對著我的靈魂說話。啊，令我永難忘懷。我的心在悸動，在柏林他們稱這作「膽子」。生活從我的身上流失。我帶著害怕墜落的恐懼向前進。」

——作家 司湯達在佛羅倫斯欣賞喬托 (Giotto) 的壁畫，1817

踏出第一步

朝向自我實現的步伐中，有些自我實現是比較容易跨出第一步的。那些不需逆風而行，但只要跨出你的舒適圈的

事，會幫助你鍛鍊自我實現的肌肉。踏出簡單的第一步是要努力並對你做的事抱有完全的信念。完全地投入並經歷所有的事情，而且對從小事而來的愉悅跟驚奇持開放的態度──更像個孩子般地去感受世界。憤世嫉俗是比較容易的──說你已經看夠夕陽，或是說你沒有時間停下來看看湖邊的鴨子。但是為什麼要減少生活的樂趣呢？輕忽簡單的快樂並沒有比較偉大，也不會比較明智，即使大部分的大人都這麼做。

對於新的經驗保持開放的態度。與其怪罪在別人身上，有意識地對自己和自己的行為負責，這麼做剛開始時可能會感到害怕，但很快地就會給你帶來力量。嘗試新的事物，而不是死守著已知而安全的事物，即便只是點看看外帶菜單上的不一樣菜色，就可以拓展你的經驗並建立你的信心。今天吃酥炸蒜味花枝，明天來玩極限滑雪板跟養蠍子當寵物。

跨大步一點

沒人會因為你工作努力或做新的嘗試責怪你。比較難跨

出的是會被責怪的那步——或
是你害怕自己會被責怪——會
帶來身旁的人對自己的不認同
（或只是對你揚起眉毛）。

> 「沒有完美的人類。」
> ——馬斯洛，1970

　　重要的一步是誠實，這比聽起來的還難做到，因為這意
味著要放棄裝傻，並依照自己真實的感受或信念行動。假設
在你職場上，每個人都純粹希望可以給老闆好印象而早到晚
退，但某些人實際上並沒有增加工作量，只是想被看見堅守
崗位的樣子，然而自我實現者就不會玩這個遊戲，他們會確
實地工作並在需要的時間內完成，不會假裝做得比較多或是
加入爭奪晉升的遊戲。

誠實為上策

　　要自我實現就必須誠實面對自己（對自己坦承）。如果
有什麼事是你討厭但總是會做的——不論是去拜訪討人厭的
親戚或打掃浴室——承認自己不喜歡做這件事。不做那件事
的代價是什麼？或許那個討人厭的親戚跟你一樣不喜歡被拜
訪；或許你寧願付錢請人來打掃浴室。當你決定要去做——
如果你決定這樣的拜訪對親戚來說是有意義的，以及你無法
負擔請人來打掃，或是不願意雇人打掃——一旦做出決定並
為此承擔，就會比較容易接受整個情況。如果對自己的決定
總在掙扎，那就是做了錯誤的選擇。而我們總是有選擇的，

你可以不要再去見那位親戚，但你有可能會被整個家族孤立、損失遺產、或是被罪惡感困擾。這也是一種選擇，自己做選擇並為自己的選擇負責。

認識自己，然後忠於你所知道的。也許你喜歡某些其他人瞧不起的事物，例如露營車假期、流行男孩團體或是廉價紀念品，那又如何？尷尬丟臉是來自你太在乎其他人對你的無害選擇的看法。為你自己所想所愛努力，不屈服於其他人的喜好，這並不是叫你忽視他人的意見，或不聽取別人的建議，而是根據你的個人經驗與品味，評估你所見到、聽到的，並做出你自己的決定——會讓你覺得開心與充實的決定。

堅定立場

最艱難的一步是當周圍的人想要或相信的跟你不一樣時，為自己挺身而出。因為相信自己是正確的而抵抗潮流與面對敵意是需要勇氣的，你很可能會因為自己的信念而受苦。如果你達成自我實現，這一切將是值得的——因為這樣的氣節會成為你最大的寶藏。這就是為什麼愛德華·史諾登（Edward Snowden）承認自己洩露了國家安全局的機密，因此必須逃到香港及俄羅斯，這就是為什麼曼德拉和翁山蘇姬（Aung San Suu Kyi）在獄中度過許多年。他們相信某種比自身更重要的價值，而這是值得冒險或受難的（姑且不論你或我是否認為他們是對的）。

自我實現是關乎你自己

　　要自我實現，你必須知道自己該成為誰，這對每個人來說都有不同的定義。有些人可以是又懶又粗魯，但還是達到自我實現，只要他們誠實面對自己的價值跟目標。（前文提到的錫諾普的第歐根尼可能就落在這個分類中——他從沒做過一個正經的工作）。沒人可以幫你完成自我實現，或是告訴你應該以成為什麼樣的人為目標。

　　達到自我實現的人，對其他人自我實現的需求也是有同理心的，所以他們不會強加自己的觀點在他人身上，或是依自己的野心來塑造自己的孩子。取而代之的，他們幫助其他人去找到自己的道路，並且認同勇敢的選擇，即使（或許特別是）那些不是他們自己會做的選擇。

　　但這全都是好的嗎？自我實現聽起來好像一切都很美好、帥氣，但也可能有問題，就像佛里茨・皮爾斯（Fritz Perls）所點出的。完形治療（Gestalt therapy）的創始人皮爾

斯說人們有可能實現的是自我的理想，而不是真正的自我。我們都有一個自己想成為的類型，但這個類型與我們能夠成為或適合成為的人並不總

是相符。皮爾斯也認為，自我實現有被當成責任的危險，因而對個人來說又是另一種壓力。

諷刺的是，通過自我實現來符合理想所帶來的壓力，正是與不要遵守常規或社會壓力的要求相反（如果這些常規、壓力與你的信仰和志向不合時）。當我們都覺得達成自我實現才是「比較好」的人時，這也可能變成道德的議題。這是否是不恰當的？皮爾斯是不是替太懶得提升自己的人找到了退路？如果一個人沒有動力去達到自我實現，或許是因為他有些需求尚未被滿足，又或者因為缺乏了某些東西。一個沒有動力的人，他的動力會從何而來？又如果他們自我實現的自己就是個缺乏動力又懶惰的人呢？

聖女貞德，法國人視她為國家
英雌，確確實實地達成了自我
實現。在今日，她可能被診斷
為妄想症以及容易產生幻覺，
她也不太可能會掌握兵符。儘
管如此，她的魅力與信念帶她
突破重圍——沒人說自我實現
一定要是正確的或是理智的。

第16章

吃軟還是
吃硬？

獎勵機制或處罰機制：哪個讓人類有更好的表現？

什麼是驅使人做事的最好方法：給他們獎賞或用懲罰威脅？這不只是關乎讓別人屈服在你的意志之下——你應該獎勵還是威脅自己呢？

激起動力

兩種不同的動力可能會驅使我們行動：內在及外在。

內在的動力是指當我們出於自身原因想去做某些事——因為喜歡這個活動，覺得在某種層面上是有益的，或是這會幫助我們往對自己有意義的目標前進等，如果你喜歡烘焙，不用任何鼓舞就會去做——你會很樂意地去烤烤東西。外在的動力則是指當我們想要做一些事來控制外部情況——例如有薪水可拿、避免牢獄之災或飢餓等等。如果你有一個不那麼喜歡的工作，你還是得持續去上班並且做被交派的事，因為你需要為此獲得報酬；如果你不喜歡採買食物，你還是會去買，不然當你肚子餓的時候家裡就沒東西吃了。

就是這外部的動機會視吃軟還是吃硬而不同。

廚師太多燒壞湯

1973年，為了測試獎賞的動機偏移理論（overjustification theory），心理學家馬克·萊柏（Mark Lepper）、大衛·格林（David Greene）和理查德·尼斯比特（Richard Nisbett）

以三到五歲的幼稚園孩童為對象進行了一項實驗。他們挑選了五十一個喜歡畫畫的孩子，關鍵是這些孩子本來就喜歡畫畫。在開始之前，這些孩子被隨機分成三組，他們鼓勵每個孩子持續畫畫六分鐘，只有一組被告知如果畫畫就有獎勵（證書），另外兩組則沒被告知有什麼獎品。實驗結束後，被告知有證書的那組獲得了證書，另一組沒被告知的孩子也拿到了證書，對這組孩子來說，這個獎品是個驚喜，第三組孩子則沒獲得任何東西。

實驗過了幾天之後，研究人員觀察了孩子們自願花多少時間在畫畫上，結果令人驚訝，獲得獎品與沒獲得獎品的孩子在數據上沒有差異，但那些事先被告知有獎賞的孩子畫畫的時間減少了。

看來如果是我們喜歡的活動，內在的動力似乎就已經足夠。如果外在又加上獎勵，便會碰上「動機偏移」效應。

我們通常似乎會將外部的獎勵連結上不想做的事情。孩子們可能會因為收拾好玩具、打掃房間、乖乖吃青菜、或是完成作業而得到獎勵，如

果你打算獎勵他們這些行為，奉勸你最好想想。如果你的孩子本來就喜歡吃青菜或做作業，給他們獎勵貼紙或布丁的行為可能會造成反效果，因為這個獎勵暗示著這些工作或活動是本來不該被喜歡的。畢竟我們何必要為了本來就發自內心有動力去做的事情被獎勵呢？

動機偏移效應也適用在成人身上，因為戒菸被獎賞的人，比起沒獎賞的人更不容易戒菸成功。如果他們的內部動機被力道較弱的外部動機替代，他們的嘗試就比較容易失敗。

在這一切的背後藏著的是「自我知覺理論」（self-perception effect，見第25章〈微笑會讓你開心嗎？〉）。我們根據自己的行為來決定怎麼看自己——這聽起來好像違反了直覺，因為我們通常認為我們用行為展現出如何看待自己的。

總之，這些因畫畫獲得獎勵的孩子，在那之後為自己畫畫的行為找到了內部的解釋——因為有獎賞所以畫畫，所以如果不會得到任何獎勵就不畫了。萊柏的實驗剝奪了他們畫畫的樂趣。

為什麼銀行家需要高額的獎金？

大部分的人——不是銀行家的人——這幾年來應該納悶

過為什麼銀行家們已經有很不錯的薪水，還可以獲得高額獎金。關於動機與外部獎勵的研究顯示，僅僅只是因為完成了工作或是多花了些時間上工作上而得到獎賞，他們的動力就會低於因能力獲得的獎勵。

告訴某人因為工作表現優良所以獲得獎金，會讓他們更努力並花更多時間在工作上——不論他們是不是真的做得很好。而支付給銀行家過高的薪水與過度獎金的原因，是因為如果不這樣做，他們就會集體離職，結論是這非常可能是真的（但這並不能回答為什麼我們不從此就讓他們集體離開的問題）。

銀行家們堅持否認金融風暴是他們造成的也可由心理學理論來證實。

如果有人因為在某項任務上得到較高的報酬，他們會相信自己做得比其他人好，並且更享受這個工作。所以正是因為付給銀行家高額薪水，才讓他們堅信自己工作表現很好，因此應該做得更多，我的老天啊……。

有多無聊啊？

　　1959年，利昂‧費斯廷格（Leon Festinger）於加州史丹佛大學做了一個實驗，實驗內容與雇用人們來執行一個枯燥的任務相關。他們支付先參與實驗的人一美元或二十美元來告訴之後的參加者這個任務很有趣。事後這些參加者被問到關於任務的問題，收到二十美元的參加者認為任務很無聊，而僅收到一美元的參加者對任務的評價相對覺得較有趣。

　　費斯廷格的這個實驗是關於他認知失調（見P.253）研究的一部分。這個結果顯示出人們會說服自己任務是有趣的，因為他們不想承認自己浪費時間在這上面，甚至還會對後面的參與者說謊，而那些收到較多酬勞的人對任務則有比較低的評價。大致上來說，我們會為自己不想做的事付費，如果有人支付了我們合理的報酬去做某件事，那可以肯定這是我們本來不想做的，這件事並不有趣，所以我們不會抱著愉快的心去做，反之亦然。

懲罰比獎賞有用

　　通常，當一切保持不變時感覺不錯，如果一切變更好，那更棒了，但如果一切變糟就很可怕（記得「負面偏誤」嗎？見P.87）美國經濟學家約翰‧李斯特（John List）試過用幾種不同的方式來激勵老師們教導學生通過考試。他挑選了

幾組相似的老師，並告訴其中一組，如果他們教導的學生考試成績有進步，就可以獲得獎金。而在另外一組，是給每個老師四千美金，並告訴他們如果學生的成績沒進步，就必須把獎金還回來。最後，需要還錢的老師教導的學生，平均得分比被獎勵組老師的學生還高7%。

慈善與反慈善

　　有些人會逼迫自己，如果沒有達到設定的目標就必須捐錢出去做善事——比如說，如果沒有成功減重，就要捐款給癌症研究機構。

　　儘管要保住自己的錢財似乎是個合理的誘因，可以引起行動，但事實上這些錢會被用在良善目的上的則會破壞行動。將錢捐給值得的慈善機構會讓我們對自己做的事以及自身感覺良好，這表示我們訂了一個會讓自我感覺良好的懲罰——這是行不通的。你沒達到目標還會覺得：「好吧，至少錢是用在做善事。」

　　把錢捐給你不認同的反慈善目的會更有用，舉例來說，可以捐給你不認同的政黨或團體，這麼一來你就會有更強烈的動機不要被懲罰，並且達到你設定希望做到的目標。

第17章

你能辨別誰是
精神病態嗎？

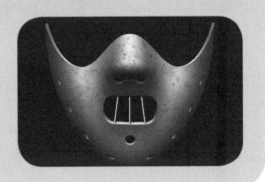

他們不見得會手中拿著斧頭，口中嚼著人類腿骨

如果你見到精神病態，你能認得出來嗎？我想你應該至少遇過一個，但你有注意到嗎？據信大約有1～2%的人可以被歸類為精神病態。這也意味著有1%的機會你就是精神病態，哈囉，精神病態讀者們。但不需過度擔心，不是所有的精神病態都會變成殺人狂，需要有特定巧合的基因跟環境，才會誘發他們殺人。

天生殺人狂？

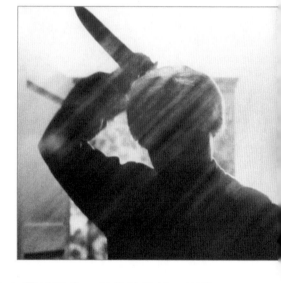

　　吉姆・法倫（Jim Fallon）是個研究殺人狂心理的心理學家。他發現研究過的精神病態殺人狂共通的特點，就是他們的眼窩額葉皮質（orbitalfrontal cortex，腦的其中一個部位，位在眼睛上方）活動力不足。此外，他們有杏仁核異常的現象，杏仁核位在腦部深處，與掌管情緒、道德觀有關係。精神病態的杏仁核，典型來說活動力不足，並且比正常人的尺寸小18%，結論就是精神病態者基本上是沒有良心的，儘管可以透過比較一套道德標準來判斷某件事是錯的，但他們幾乎沒有或根本沒有天生的錯誤意識。

有點震驚

　　在進行精神病研究時，法倫也測試了阿茲海默症患者的腦部正子斷層造影。他媽媽的家族有阿茲海默症病史，因此他將家中成員的掃描加入其中，也為了自己或許可以發現一些早期症狀。他因為沒找到任何阿茲海默症的跡象而鬆了口氣，但在最後的一堆資料中，他發現了很顯然是屬於精神病患的大腦掃描。他認為他把自己跟別人的資料混在一起了，但當他再次檢查發現這的確是自己的大腦。他 —— 身為成功的腦神經學家 —— 居然具有潛在的精神病態殺人狂的大腦。

　　當法倫向母親提到這件事時，她建議法倫針對他爸爸的家族進行調查。他發現自己是七個殺人犯的直系後裔，這之中包含了美國第一個因殺人被處決的人。另一個有血緣關係的人是麗茲波頓（Lizzie Borden），她在1892

麗茲波頓拿了把斧頭朝她媽媽劈了四十下，當她看到自己幹了什麼好事後，便給了她爸爸四十一下。

年時被懷疑涉嫌用斧頭砍殺自己的爸爸與繼母。

精神病基因

法倫從他的研究中結論出幾種稱作「勇士基因」（warrior genes）的基因，這些基因容易產生暴力的精神病行為，但帶有這些基因的人並不會成為殺人狂，除非他們身處於錯的環境。他將自己沒成為殺人兇手的生活歸功於父母對他的愛，根據法倫的說法，那些成為連續殺人魔的人在孩童時期遭受過長期虐待或極端的創傷，某些在基因以外的因素觸發了他們的暴力本性。

資本主義社會需要精神病患？

所以日常生活中有1%的潛在精神病態者在大街上漫步？其實他們之中有很多是在商場上有成就的人。在眾多CEO中，精神病態者的比例極高，估計有4%的人有精神病的跡象。法倫是個成功的腦神經學者，也是精神病態者，像法倫這種親社會的精神病態者，比起大部分人有較少的同理心，不容易與他人形成緊密的關係，並常常具有高度競爭性，但他們並不會到處殺人。

當法倫詢問他的朋友、家人自己是什麼樣的人，他們都把法倫形容成反社會分子。法倫說當自己想到他們怎麼說

時，他並不在乎——
而這正好證明了他們
說的是對的。一個親
社會的精神病態者往
往是群居、認真工作
的，他們看似可以社

交，但僅止於很表面的程度（因此常常很有魅力），也不是親近家庭成員或親密朋友的最佳人選。不過，如果他們沒有受過任何童年創傷，是不會拿斧頭對你（或對他們的父母）相向的。

有開關或是個光譜？

目前尚不清楚精神病態是否是種人們患有或不患有的疾病，或是否有一系列的多種傾向及行為綜合起來導致精神病態行為，目前尚未明確。如果是後者，那就會有一個很廣的光譜，範圍從完全沒有精神病徵到有危險性的犯罪精神病。

同理心失調

英國心理學家西蒙·拜倫柯恩（Simon Baron-Cohen）是研究同理心失調的專家，他注意到精神病態者們一般缺乏同理心，但對於打開同理心的開關卻很擅長——他們能夠合理

地仿效同理心，但同時卻不會真的考量其他人而感同身受或有所動作。在自閉症光譜上的人也一樣「零同理心」，但他們受困在「心智理論」（theory of mind）──一種懂得欣賞別人的觀點或感受的能力。

精神病態非常了解別人在想什麼，即使自己無法感同身受。這個特質讓他們同時很精明，又可以是冷酷的操弄者。

Iago. Look to your wife; observe her well with Cassio.
Act III. Scene III.

受歡迎的精神病態

一直有種說法指出，在戰亂區域被俘虜的人裡，可能帶有精神病及其他具攻擊傾向的基因在自然淘汰上會比較有利。這個理論是由於當年輕女性感受到身體上的威脅時，更有可能選擇有攻擊性的男性為伴侶，希望對方可以保護自身的安全。

假裝發瘋真的會讓人發瘋嗎？

　　新聞記者強‧朗森（Jon Ronson）廣泛地研究並寫過關於精神病的文章。在他的研究中，曾去見了一名叫東尼的男子，東尼被關在英國伯克郡一座高度戒備的精神病院——布羅德莫精神病院（Broadmoor）。他告訴朗森自己因為十七歲時在酒吧打傷人而被逮捕，並聽從另一個牢友的建議假裝發瘋，他以為自己會被送到舒適的機構去休養，而不是真正的監獄。東尼把瘋子——實際上是精神病態——演得唯妙唯肖，他從電影跟書本裡得來靈感。他並告訴當局說自己從開車朝牆壁撞爛上獲得性快感，這是從電影《衝擊效應》得到的點子，還說想要看女人死掉因為這會讓他感到正常——從連續殺人魔泰德‧邦迪（Ted Bundy）的自傳得來的點子（他居然是從監獄的圖書館找到這本書！）。東尼模仿得非常有說服力——太有說服力了，以至於他被送進了國內戒備最森嚴的機構，而不是舒適的監獄，糟了個大糕。

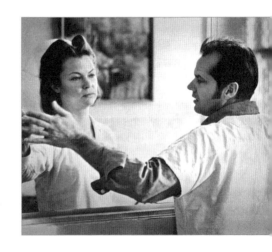

電影《飛越杜鵑窩》（1975），主角麥克墨菲（McMurphy）用裝瘋來逃避勞役。

直擊精神病態

　　有幾種測驗可以用來評估任何個人所展現出的精神病程度。其中一個最常被使用的就是海爾量表（Hare Psychopathy Checklist），這個量表列有一些人格特質，並且依照這些特質是否出現在目標對象上，或是目標顯現出特質的程度來替他評分（你可以在網路上找到這個量表，但必須得由受過訓練的心理醫師來確認評量的結果。不要對你在網路上的任何診斷或自我診斷做任何行動。）海爾量表的精神病徵兆包含：

- 輕挑及膚淺的魅力
- 自我感覺良好
- 病理性說謊
- 寄生的生活方式
- 眾多、膚淺及/或短暫的性關係
- 不負責任
- 衝動的行為
- 無法為自己的行為負責
- 缺乏同理心

　　雖然東尼說自己只是假裝發瘋，但在他被釋放之前於布羅德莫精神病院待了十四年。東尼告訴朗森，每次自己做了什麼正常的事情——例如告訴護士一則奇怪的新聞，或是穿細條紋西裝——這些行為都被認為是發瘋的證據。臨床醫師告訴朗森，他有發現東尼假裝精神病的症狀——但他缺乏悔意並且善於操弄，有可能真的是精神病態。

儘管朗森對精神病有著廣泛的研究，他還是被東尼唬得一愣一愣。東尼是不是操弄了朗森，讓他相信自己的故事以及自己不是精神病態？還是他真的不是精神病態呢？就像東尼發現的一樣，說服某人自己發瘋了比說服他們自己腦袋清醒要容易得多，因為很多神智正常的人做的事，在其他人眼中也可能看起來像瘋了。

　　在東尼被釋放的二十個月後，他又再次因為在酒吧中攻擊別人而被送入大牢。

第18章

你看到了什麼？

你的眼睛跟大腦合作以便看到東西，
但他們並不總是看對。

你應該看過前一頁的那張圖片或是相似的圖片上百次了，為什麼它會迷惑我們的大腦，讓那張圖片有時看起來是花瓶，有時候又像兩張臉？答案是因為我們的大腦喜歡弄清楚前景是什麼、背景是什麼，而當大腦無法弄懂的時候——當兩者都能構成有意義的形狀時——我們便看到稱作多重圖像的東西。

圖像化我們所見

「看見」比你以為的還困難。當你盯著東西看時，你的大

> 「當我們一部分是透過感官感覺眼前的物體，另一部分（而且可能是更大的一部分）則是從我們的腦袋看見的。」
>
> ——威廉‧詹姆士（William James），哲學家及心理學家

腦有很多工作要做，它所接收到的是一組資訊，這組資訊是由「外在」的物體所發射或反射出的光所形成。要把這些資訊轉化為有意義的東西，大腦需要辨識物體，甚至當物體在不同光線、角度及視線上有不同距離都需辨識。

關於視覺有多少是後天學習來的、多少是天生內建的，還有著不少爭論。針對幼小嬰孩（二至三個月大）所進行的實驗顯示，他們已經具備某些特點。大小恆定（辨識物品的尺寸是否相同，即便物品的距離比較遠），深度感知，以及形狀與圖案的辨識，這些技巧似乎是小嬰兒就具備的。傑羅姆‧布魯納（Jerome Bruner）在1966年研究的嬰兒，甚至能選擇完成圖型的元素，將一條橫槓傾斜跨過圖形來完成三角形的形狀，而不

是讓橫槓留在一樣的位置來保持原本的圖形。

很小的嬰兒沒辦法真的說出他們所見，甚至指出或朝他們的選擇移動。因此研究嬰兒時，使用的是視覺的持續時間來衡量他們有興趣或認識的東西。嬰兒對他們有興趣的東西會注視較長的時間。

看見及移動

許多動物實驗指出，如果動物小時候沒有接觸正常的光線及圖案，之後便沒辦法對這些東西有正常的反應。海爾德（R. Held）及韓（A. Hein）在1963年發現，如果小貓沒辦法在所處的環境內移動，長大後便無法好好地走路或對接近的物體做出反應，因為牠們沒辦法建立深度感知，也無法將身體協調與感知連結起來。

研究那些幼兒時失去視力或從沒有過視力但後來重建的人，發現有些視覺是由學習而來，有些則是天生內建的。文化差異以及成長環境也會影響感知能力。科林‧特恩布爾（Colin Turnbull）研究了薩伊共和國（剛果民主共和國的前身）的木布堤人（Mbuti pygmies），因為他們居住在濃密的森林裡，他懷疑木布堤人在判斷距離跟尺寸上會有困難，他帶著木布堤人上飛機並讓他們看遠方的水牛，他們會以為那些是「奇怪的小蟲」，並且會很驚奇距離愈來愈近時這些「小蟲」會愈變愈大。

找尋全貌，而非缺漏

請看這張圖：你的腦袋把這個設計組織成黑圓圈前的一個白色三角形，或是一個白色三角形與三個黑圓圈，你不太可能只看見三個3/4圓。如果我們要重組這些元件，把它們視為個別的元素會比視作整體來得容易。

大腦有一種天生的傾向，將事物看作整體而非部件，而且這個整體的意義是超過部件的集合的。這有點像拿整碗沙拉來跟裡面的食材相比，食材沒有任何變化，食材就只是食材。如果你到我家來，我給你一個酪梨、一把萵苣、一些松子、一塊尚未磨碎的帕瑪森乳酪、一瓶初榨橄欖油以及一些巴薩米醋，

你不會覺得有什麼特別。但如果我已經把這些食材混合好並且端出漂亮的擺盤，你八成會覺得蠻開心的（如果不會，我家不歡迎你）。

尺寸與距離

　　大腦會將以下這張圖片解釋為一連串的剪影，尺寸由左至右逐漸變大，最小的那個剪影離我們最近。形成牆面及地面的線條引導我們用透視的角度看這張圖，也讓右邊剪影看起來似乎距離更遠。事實上，這三個剪影都是一樣的尺寸，是你的大腦處理了透視的工作。如果有個實際尺寸一樣的剪影位於比較遠的距離，我們知道在背景的剪影應該要看起來比較小，所以如果它看起來是一樣大的，這就表示在背景的那個剪影實際尺寸是比較大的。

什麼東西不見了？

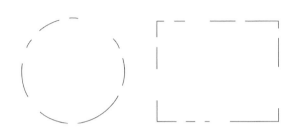

我們的大腦會自然地填補失去的部分以讓圖形更完整，並且符合我們習慣見到的圖案。你會將上方的圖案看成圓圈跟長方形，而不是一堆不同的線條。但這不僅僅是為了看見全貌，我們做很多推論及假設來幫助解釋眼睛所見。

接下來的照片是圍籬上畫了斑馬的形狀嗎？或者是斑馬的影子而已？

大腦會利用你的知識跟過去的經驗來解釋它所見到的，從沒見過斑馬的孩子可能還是會猜這是某種物品的影子，因為我們對看到影子已經習以為常，但卻不習慣看到在金屬或木頭圍籬畫上奇怪的形狀。

那裡有什麼？

　　有時候我們會認錯東西。下方的圖片是一張在火星上的「臉」，這張圖片是在四十年前被公開，使得世界上的人們產生各種關於外星人曾造訪那個星球或曾住在那的論點，或甚至說是上帝遺留的痕跡（為什麼上帝要這麼做啊？為了整我們嗎？還是要鼓勵我們星際探索？）。而當1998年一樣的地標，從稍微不同的角度與光線下拍攝的照片曝光後，結果發現這只是座年齡較老的山脈。

　　大腦需要認識物體的基本類型以便辨識出兩個東西是屬於一樣的種類，即使在它們長得沒有非常相似的情況下。我們在辨識人類上並沒有困難，儘管他們可以是高矮胖瘦或其他樣貌。相同地，我們可以輕易地辨識出樹木、椅子或是貓咪，即便我們先前從沒見過的特定種類，而從不同的角度、距離或位置，我們也可以辨識出一樣的物體。

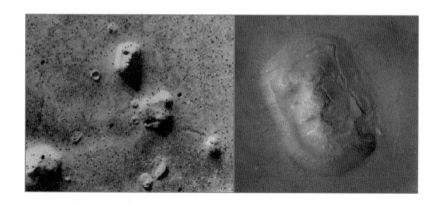

而儘管我們的深度感知通常是由雙眼接收的訊號創造出來的，但如果閉起一隻眼睛，看到的影像也不會是二度空間的（平面的）——我們的大腦很傑出，它會利用一隻眼睛接收到的訊號創造出三度空間（立體）的影像。

心理障礙：幻想性視錯覺

　　幻想性視錯覺（Pareidolia）是在隨機或模糊的圖像或聲音中發現其中的顯著性。大腦強化了熟悉的部分，掙扎著要找到意義，因此產生了並非反映現實的圖像，而這個圖像給了我們所見或所聽到的事物一個解釋的方式。幻想性視錯覺說明了為什麼人們在烤起司三明治上見到聖母瑪莉亞或阿拉，還有那個出現在火星上的人臉。

不俱備還原功能

　　對於大腦已經認出所看到的東西後是沒辦法將它還原的，除非第二種解釋也是同等有效。請看右方的圖片，一開始你會看到很多飛濺的黑點，但當你一看出真正的圖像之後，就很難再回到看到飛濺黑點的狀態。

> 「如果你看著任何一面有各種髒污斑點或混合石材的牆面；如果你打算發想一些場景，你就可以在其中看到相似於山脈、河流、石頭、樹木、植物、廣闊山谷及各種丘陵的地形景觀。你還可以看到潛水員戰鬥及快速移動的人影、露出奇怪表情的臉、奇特的服飾以及無數的事物，然後你便可以將他們簡化為分開且完整構思的形式。」
>
> ——李奧納多·達文西（Leonardo da Vinci）的筆記

　　或許你能記得還不會閱讀的時候，看到字只覺得是一堆花花的且亂七八糟的東西，當你一會認字，就沒辦法只把字看成一些形狀，要找回那種感覺，你必須看自己無法閱讀的文字。右方的圖是寫有泰米爾語的文章，除非你會讀泰米爾語，不然你只會看到一些抽象的形狀。

部分還是整體？

　　格式塔學派（Gestalt theory）表示，我們觀察事物是觀察他們的整體，並不是將每個部分拼組在一起。在左頁的大麥

圖中的「斯芬克斯」是在羅馬尼亞境內的布切吉山脈（Bucegi Mountains）中發現的天然岩石。這個岩石的第一張照片是攝於1900年，但斯芬克斯像一直到1936年一張從側邊拍攝的照片才被「發現」。

町迷彩圖中，我們並不是先看到耳朵，接著尾巴，接著腳掌，然後才推斷這是隻大麥町狗，我們是一次就看見整隻狗（或是完全看不出來），這就稱做整體性（emergence）。

在186頁中在黑色圓型前的白色三角形就是具體（reification）的例子——我們的大腦創造物體的方式。

恆常性（invariance）是一種特性，它告訴我們無論從不同角度或距離，抑或是不同的呈現方式觀看物體——有時甚至是變形的——都是同一個東西。

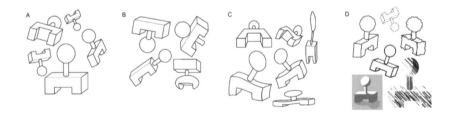

A和B. 從不同的角度看同一個物體。C. 同樣的物體變形後。D. 同樣的物體用不同的方式呈現。

我們如何將事物模式化？

格式塔學派指出，大腦會遵守特定的規則來幫助我們將所見事物模式化。

「接近法則」讓我們把相近的事物視為一個群體。我們將下方的A圖看作三組十二個圓圈而不只是三十六個圓圈。

「相似法則」顯示出我們傾向將相似的東西歸類為同個群組。在B圖中，我們看到三列黑圓圈和三列白圓圈，而不是一組三十六個圓圈。

「對稱法則」讓我們完成未完成的三角形或其他形狀的東西，它讓我們利用對稱性來歸類事物。所以我們將 [ ] { } [ ] 視為三組引號，而不是六個分開的引號。

「經驗法則」在某些例子上可以蓋過其他法則，過去的經驗會讓我們將「13」看作數字十三，除非我們在看著它時心裡期望看到的是字母「B」：13 13 C

「共同運動法則」讓我們把共同移動或往相同方向移動的東西歸類於同一個族群，而「連續法則」讓你在下一頁上方的圖中看到的是兩條交叉的線而不是四條相會的線。

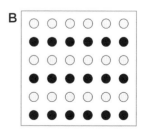

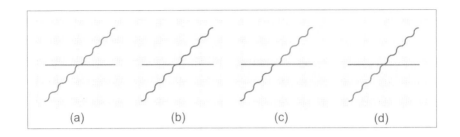

(a)   (b)   (c)   (d)

「秩序法則」說明了如果形狀及線條構成一個簡單、規則或簡潔的物體，我們會同時感知兩者。我們的大腦試著強加規律的模  式在所看到的事情上，所以右邊的圖看到的會是重疊的方形及三角形，而不是不規則的八邊形。

逐字紀錄及要點歸納

有一組感知模型指出我們對所見的東西有兩套編碼：逐字紀錄與要點歸納。逐字紀錄指的是實際顯示的畫面，要點歸納的意思是我們從中獲得的意義。這允許我們呼攏自己的大腦，就像這樣：請直覺作答這個文字是

BLACK

什麼顏色？

美國心理學家約翰‧萊德利‧斯特普魯（John Ridley Stroop）將此一觀點更進一步發展。他發現如果你把顏色的名稱，用不同的顏色印出來，人們就需要花比較長的時間去閱讀，因為大腦需要先克服一開始的困惑。自此之後，這種

心理反應的延遲時間被用在無數的心理學實驗上，稱為「斯特普魯效應」（Stroop effect）。

從地獄竄出的蝙蝠

往往有不只一種的模式可以被套用在我們所見很模糊的或者不完整的東西上。心理學家與專職招聘員工的人常常用這個方法來洞察某人的專注力或人格特質。1921年由赫曼‧羅夏克（Hermann Rorschach）所設計的羅夏克墨跡測驗以讓人們看對稱的墨跡圖案並詢問所見為何為主來進行，完整的羅夏克墨跡測驗有十張卡片。

問題的回答會被編碼及解讀，並用來診斷可能的心理狀況或指明人格類型。這個測驗在1960年代超流行，現今在日本仍很受歡迎，在美國也還是被廣泛地使用，但在英國普遍受到懷疑。另外，對於這個測驗的效果也一直都有些批評的聲浪。

另一個普遍用來洞察思考模式、專注力及創意程度的測驗，是向某人展示形狀或線條，並要求他們將其合併到盡可能多的不同圖形中。你可以自己試試看，在兩分鐘內利用圓型盡可能地畫出愈多的圖。

第19章

暴力影像

會讓你
變得狂暴嗎?

常常有這種說法,銀幕上的暴力導致暴力行為。
這種說法有證據嗎?

在電視、網路及電玩遊戲上看到暴力及具攻擊性的內容真的會讓人們變得更暴力嗎？還是只因有很大部分的年輕男性在打電玩，所以有很大比例的年輕男性殺人犯也玩電動？見證暴力會導致暴力行為的證據似乎有點牽強。

遊戲結束

2013年在美國華盛頓特區發生槍擊事件——阿龍・亞歷克西斯（Aaron Alexis）在海軍營區內射殺了十二個人，事發之後主流媒體怪罪於阿龍對電玩遊戲《決勝時刻》（Call of Duty）的熱愛。安德斯・貝林・布雷維克（Anders Behring Breivik）在2011年時於挪威殺了七十七個人，他說自己是透過《決勝時刻》及《魔獸世界》（World of Warcraft）

真實世界的俠盜獵車手

「生活就像電玩，每個人都終將一死。」

來自阿拉巴馬州的青少年德文・摩爾（Devin Moore）因輕微交通犯罪被捕，他從一名員警身上搶走配槍，射殺了三名員警並偷警車逃逸。他說自己是受到遊戲《俠盜獵車手》（GTA）的影響。

來練習槍法的。亞當・蘭薩（Adam Lanza）是桑迪胡克小學槍擊案的主嫌，跟布雷維克一樣在《決勝時刻》中「受訓」。2007年維吉尼亞理工大學槍擊案中殺了三十二個人的兇嫌趙承熙，熱衷於暴力電玩《絕對武力》（Counterstrike）。幾乎在每次大規模射殺事件發生後，主流媒體都會提到當事人是被遊戲或被暴力電影污染來當成誘發事件的原因。

對波波玩偶很壞

1961年時，心理學家亞伯特・班杜拉（Albert Bendura）設計了一個實驗，要找出孩童是否會模仿暴力行為。他與他在史丹佛大學的同事找來了七十二個孩童、一些成人研究人員來當樣板，還有一些波波玩偶——一種體積大又耐用的充氣不倒翁玩偶。

這些孩童被平均分成男孩及女孩的群組。每種性別的其中一組會接觸到一個具攻擊性的成人樣板，一組接觸到非暴力的成人樣板，然後還有一組控制組不會接觸到任何成人樣板。這些孩童個別被帶進遊戲室中，在室內的角落放有給他們玩的玩具，另有一個「大人」角落放著槌子跟釘板，而波波玩偶則是留給大人使用。

在「攻擊」組別，一位大人進入房間並玩大人的玩具持續一分鐘的時間，接著便攻擊波波玩偶，用槌子打它、揍它、丟來丟去並對它施以言語暴力，經過了十分鐘後大人離

波波玩偶

場。而非攻擊組中，大人進入房間後玩大人的玩具持續十分鐘，並且忽略波波玩偶，之後便離開，而控制組的孩子們則自己玩十分鐘。

對小孩很壞

　　所有的組別都一樣，這些孩子在大人離開之後，被個別帶到不同的遊戲室，裡頭充滿著好玩的玩具。孩子們被允許玩玩具兩分鐘，接著研究人員說決定把玩具收起來給其他小朋友玩，取而代之的，他們可以在實驗的房間裡玩。雖然有點慘忍，但這是為了透過讓孩子們感到焦慮及憤怒而產生負面的感覺。備受打擊的孩子們被帶回實驗房間，並且被允許自己在裡面玩二十分鐘，然後實驗者便開始偷偷觀察。

　　班杜拉發現接觸過暴力樣板的孩子們，更容易攻擊或言

語上對波波玩偶暴力相向。他發現了男孩和女孩間的攻擊程度有顯著的差別，女孩們比較容易仿效女性樣板，並且不受男性樣板的攻擊行為影響。

有趣的是，不論是男孩或女孩，接觸過非暴力樣板的孩子們，比起控制組的孩子更不容易展現出攻擊性，這顯現出非暴力的樣板似乎有正面的影響。

這公平嗎？

對於這個實驗一直存在著批評，目前尚不清楚觀察成人樣板的時間是否持續得比實驗階段之間的幾分鐘長。還有在孩子與成人樣板之間沒有建立任何關係或溝通，這不是真實世界中大人與孩童間的典型互動。

甚至也有說法指出，孩子們完全不是因為攻擊性而行動，是為了想討好才模仿大人的行為。最後，還被點明波波玩偶本來就是設計來被揍然後彈回來的，因此像這樣玩玩偶是很有趣的。

實驗人員的行為也可能鼓勵攻擊：孩子們被故意地受挫和嘲弄，這種行為本身就可能被認為是在塑造侵略性。

床底下的怪物

1961年實驗中的孩子還太小（八歲以下），以至於他們也沒辦法分辨什麼是真、什麼是假。十二歲以前的孩子都還有可能真心相信床底下有怪物，因此他們或許沒辦法分辨真正的暴力以及演出來或假裝的暴力行為。因為這個原因，聯合國兒童權利委員會建議十二歲以下的孩童不該因為他們的行為承擔刑事責任，即使是謀殺罪。

罪有應得

　　班杜拉在1963年時重複了他的實驗，這次則試圖找出獎勵與懲罰是否會影響孩子們模仿暴力行為。他讓一群兩歲半到六歲間的孩童觀看影片，在影片中的示範組非常侵略性地對波波玩偶攻擊和咆哮，接著便會得到糖果作為獎勵或是被懲罰性地警告「不准再這樣做！」。對於控制組的孩子，影片會在播放到攻擊玩偶的畫面就停止。

　　接著這群孩子們便被放在一個有波波玩偶的房間玩耍。再次地，男孩們比起女孩們出現較多的攻擊行為，但實驗中隨機出現的樣板也有影響，看到影片中因為攻擊行為得到獎勵的孩子更容易展現攻擊性。

　　為了測試孩子們是不是有好好地觀察並記住樣板的行為，他們被要求模仿影片，結果這些孩子全都能模仿樣板的行為，這顯示出影片中的獎勵或處罰不會影響孩子們學習或記憶。

> 「我們檢視過二百多部維納布爾斯（Venables）家庭租借過的影片，裡面有一些是你我不會想看的，但沒有任何一幕、任何情節或任何對話，是你可以按下暫停鍵並指著說：『就是這個地方讓那個男孩出去犯下殺人罪的』。」
>
> ——莫西賽德郡警探負責偵辦詹姆士·巴傑爾（James Bulger）命案，1993年，才兩歲的詹姆士巴傑爾被兩個較年長的孩子殺害。很多人試圖想將這件謀殺案與「內容不堪的錄影帶」（錄影帶中未分級的暴力影片）連結在一起。

真實世界、電影跟卡通

班杜拉也比較了三群孩子的實驗結果：親眼看過人們攻擊行為的、看過影片中的孩子攻擊波波玩偶的，以及看過一隻卡通貓攻擊波波玩偶的。結果在所有的情況下，只要是見證過攻擊行為的孩子，不論看到的是真人、影片或卡通，都比較容易出現侵略性的行為。

嘗試與測驗

加入各種變異因素的波波玩偶實驗很一致地出現幾乎相同的結果——當他們用小丑代替波波玩偶時，小丑便慘遭孩子們的毒手。另外，拿已婚男子代替孩子當實驗對象並用包含暴力或非暴力的電視節目代替波波玩偶影片的情況下，稍

後根據太太們的回報，這些看了暴力影片的男子則更具有攻擊性（1977年）。在另一個觀看暴力電影或浪漫電影的比較實驗中（1992年）也出現了相近的結果。

而在2002年，被指定玩暴力或非暴力電動遊戲的實驗中，人們出現攻擊行為的程度也有所不同。玩過帶有暴力內容電玩的人，比起玩非暴力電玩的人更具侵略傾向。

顯然地，並不是所有喜歡玩暴力內容電玩的人都會出去發狂拿槍亂掃射。有許多曾持槍濫殺的人是熱衷的電玩玩家——儘管他們全都是年輕男性，但有更多其他年輕男性也都喜歡玩電動遊戲。波波玩偶實驗指出，目擊暴力行為與表現出攻擊行為有關聯，但這並無法合理地認定某個案件就是因為玩了暴力電玩造成的。

而長時間玩電動遊戲跟憂鬱症狀也有關聯，但是不清楚到底是玩電動致使人們憂鬱，或者是有憂鬱傾向的人較容易迷上電動。

> 「接觸電玩中的暴力行為，可能會影響道德判斷的發展，因為遊戲中的暴力行為不僅是可以被接受的，甚至是被合理化且被鼓勵的。」
> ——米里雅娜‧巴喬維克博士（Mirjana Bajovic），加拿大布洛克大學

電玩V.S真實世界

每天花很多時間在打電動的青少年（主要為男孩們），

都怪大腦

　　2006年，美國印第安納大學醫學院進行了一項實驗，招募了四十四個年輕人玩暴力或非暴力的電玩，並在他們玩完之後馬上做腦部的電腦掃描。那些玩了暴力電玩的人，腦中的杏仁核特別活躍（我們已知杏仁核負責掌管情緒），前額葉的活動則降低了（前額葉負責自我控制、抑制情緒及專注力），而那些玩非暴力遊戲的人則沒有出現這種變化。

　　許多研究發現，在螢幕上觀看暴力或恐怖的內容會刺激腎上腺素的分泌——一種在真實世界中，面對危險時會分泌的化學物質，可以使身體準備好對抗或逃跑。身體無法分辨真實世界跟虛擬世界中的暴力行為，而當我們不需要對抗也不需要逃跑的時候——我們幾乎不曾從螢幕前逃開吧——身體卻充滿了腎上腺素，便可能觸發對其他事物產生攻擊性的反應。

不論是玩哪類的遊戲，常常在社交技巧的養成上是較落後的，因為他們在玩遊戲時並沒有和真人互動。這是個「雞生蛋，蛋生雞」的情形：到底是不擅社交

> 「相同地，我們也可以爭論麵包的食用量是可以用來預測校園槍擊的，因為很多校園槍擊案的主謀在發動攻擊前的二十四小時都非常有可能吃了麵包。」
>
> ——派崔克·馬基（Patrick Markey），維拉諾瓦大學心理學教授

的男孩們容易被電動吸引？還是愛玩電動的人無法養成社交技巧，因此變得不擅社交？加拿大布洛克大學的一個研究發

現，十三到十四歲間的孩子，如果每天花三小時甚至更長時間在玩暴力電動遊戲，比起沒有沉溺於遊戲中的孩子，他們培養同理心及道德感的速度較慢。但再次地，暴力電玩遊戲僅有可能是對同理心發展較慢的人更有吸引力。

往前邁進

自從班杜拉於六〇年代的實驗之後，出現在電影跟電視中的暴力畫面變得愈來愈寫實，許多程度更暴力的電動遊戲

也出現了。暴力電玩與電影／電視節目有一個重要的不同，遊戲中的玩家是在虛擬的情境中真的參與犯罪，而不僅僅是觀看。因此電動是不是如某些人宣稱的，是一個讓暴力的情緒可以無害、安全的宣洩出口？又或者是電動造成真實世界中暴力犯罪趨勢的增加？

　　在五十多年前班杜拉的實驗之後，出現更多個更深入的研究，但對於觀看真實的、影片中或卡通裡的暴力行為的影響，截至目前仍然沒有共識。

第20章

你進來這裡做什麼？

我們的記憶會捉弄我們——但我們也可以捉弄它們。

我們都有過這樣的經驗，進到房間想要拿什麼東西，然後進去就立馬忘了自己要幹嘛。或是在某個會議或派對上，有人介紹了六個人給我們認識，一分鐘後卻馬上忘了人家的名字。短期記憶喪失會隨著年紀增長愈來愈嚴重，但從短期記憶開始聊起並不是非常適合，這僅僅是因為我們的記憶對「短期」的定義比我們以為的來得更短。

你記得那次……？

我們對某些事情只記得一下下，卻也能記得某些事一輩子。至少在有意識的情況下，很多事是一起被忘記的，有些「遺忘」的記憶，可以透過催眠或其他方式幫助恢復。到底記憶是怎麼運作的呢？

我們的眼睛跟耳朵會在少於一秒的時間內用快拍的方式儲存資料。這很有可能是用來決定哪一些需要被移到長期儲存，哪些可以被忽略。畢竟我們的大腦會不斷地受到訊息的攻擊，而大部分的訊息都是不必要的。

任何看起來有用的資訊會被移動到短期記憶（STM），這類記憶就是讓你記得去廚房是要拿湯匙，或是你剛認識的人叫什麼名字。短期記憶一般持續十五到三十秒，所以如果你的廚房離得很遠，那就是為什麼你會忘了是要去拿湯匙。短期記憶可以保持大約七個項目，如果努力要在短時間記得事情，我們常常會在腦中重複這些內容。短期記憶似乎跟聽

覺有關，這也是為什麼要記得相似的文字或聲音會比較難，例如押韻的詞彙（蝙蝠、貓咪、床褥、老鼠、帽子、發福）*比不押韻的難記住（貓咪、小狗、火腿、蟾蜍、棍子、泥巴）。

　　長期記憶（LTM）可以儲存資訊一輩子，雖說「可以」儲存，但不表示它總會這麼做，任何為考試複習而苦惱過的人就知道。長期記憶似乎有無限的能力——儘管它常常看起來不是這樣。長期記憶是語義的——它與「意義」相互結合。對長期記憶來說，儲存發音相似的詞彙比意義相近的詞彙容易。常常我們只需數分鐘或數小時來將事物存進長期記憶中，你可能想要在到達超市前記住你的購物清單，但你明年不需要再記起它，在你用過這個記憶後，就可以放心地把它忘了。

從魯德亞德・吉卜林（Rudyard Kipling）小說而來的「金氏遊戲」（Kim's game），規則是注視一盤挑選出的物品三十秒，然後轉過頭不看，並試著叫出這些物品的名稱。大部分玩過這個遊戲的人可以記得大約五到九個物品。

---

* 譯註：押韻的詞彙原文為bat, cat, mat, rat, hat, and fat

記憶小撇步：分塊記憶

如果你需要記得多於七碼的號碼，把它「分塊」會比較容易記住。因此電話號碼用兩碼或三碼是最好記的（或「分塊」）：07 32 98 56 44

而且也比個別的數字容易記得：0 7 3 2 9 8 5 6 4 4

而比較容易記得購物清單的內容如下：

豆子、麵包；番茄、奶油；咖啡、牛奶，特別是當那個組合是有意義的時候。（所以咖啡、牛奶就會比「咖啡、番茄」容易記，因為人們常常把牛奶加進咖啡裡，但幾乎不會把番茄加進去）。

為什麼你不會忘記怎麼騎腳踏車？

記憶分為幾種，有一種叫做程序記憶，這是負責掌管做某件事的「訣竅」，例如身體技能，這種記憶是很有韌性的。程序記憶儲存各種技能，這些技能只要一學會就幾乎不會忘，這包含了騎腳踏車。即便是受順向失憶症（anterograde amnesia）所苦的患者，在失去儲存長期記憶的能力後往往還是記得他們之前獲得的技能，並且往後也還可以學會這類技能。

另外兩種記憶是影像記憶和陳述性記憶。我們所見到聽到的會形成影像記憶，這種記憶可以常常回憶起並且就像回到第一次經歷的時刻。陳述性記憶就是當我們說起某段回憶時最常說到的種類。它含括了語義記憶，這是掌管意義跟事實的記憶，另一種含括在內的記憶是情節記憶，情節記憶是由我們的個人歷史建構

起來，並且會連結到特定的時間跟地點。

我們怎麼記住東西

儘管序列感官記憶 > 短期記憶 > 長期記憶是非常穩當的，但很顯然地並非是我們所看到、聽到或經歷的所有東西都可以納入到長期記憶。我們在學校有很多時間是花在學習和記憶事物上，選對什麼才是需要記住的東西很重要。

看待短期記憶更好的方式是將其視為「工作記憶」。如果我們將它與電腦做比較，感官記憶就是支援輸入的鍵盤跟滑鼠，工作記憶就是電腦的記憶體，長期記憶則是硬碟或雲端硬碟，我們把工作儲存在那裡。

工作記憶的任務是處理收到的資訊並決定這個資訊要留或

者要丟掉。某個稱作「中央執行」的部分像監工者或管理員般運作，操控著輸入源跟輸出源。只要不需要用到相同種類的技能或專注力，中央執行可以同時處理很多任務。因此人們可以邊打毛線、邊看電視，但沒辦法同時閱讀跟聊天。

　　被工作記憶單獨挑出來要轉換成長期記憶的片段，如果有被深層地處理就會被好好地記住。這表示那些記憶必須被分析及理解過，並非只有被複習過就可以。不斷複習也有用——我們就是這樣記住英文字母，並且不會忘記——但透過處理程序給了這些資訊意義，或將既有的與新的知識串連起來，這是形成長期記憶的最好方式。

甘迺迪遇刺的時候你在幹嘛？

　　閃光燈記憶是對生動情節的記憶片段，它們把自己烙印在腦袋中。在某些很戲劇化或關鍵的事件發生時，他們會為我們個人或私人境況保留非常重要的時刻——我們當時在做什麼、人在哪。這就是為什麼年長的人有辦法告訴你1963年當他們聽到甘迺迪總統遇刺的時候，自己正在做什麼，或是1968年馬丁路德遇刺時的事，而我們很多人都記得當我們聽到911恐怖攻擊發生時，自己正在做什麼。（並非所有「心理學家」都同意「閃光燈記憶」是什麼特別的東西，它們看似是很可靠的記憶，可能是因為我們時常重複回想。）

斯蒂芬‧威爾特希爾（Stephen Wiltshire）是自閉症患者。他有一種驚人的能力，就是可以將只從直升機上看過一次的城市天際線，分毫不差地全部畫出來。

驚訝！

事物如果有什麼比較獨特的地方就會比較有記憶點。複雜性的事物（只要不是複雜到我們不了解）可以幫助記憶。比起「忽必烈汗在元上都蓋了一座很漂亮的皇宮」，我們更容易記住「于讓那都忽必烈汗，敕令起造金碧輝煌之圓穹離宮」*。任何有獨特性的東西都比較容易記住。這本書是關於心理學的，所以你會期待讀到關於心理學的事實與理論，以下這部分則無關心理學：

1916年，在田納西的一位馬戲團團主用絞刑的方式殺了一隻名叫瑪莉的大象。

他必須用起重機才有辦法辦到，而且還試了第二次才成

---

* 譯註：詩歌譯文引用自中研院歐美研究所副研究員紀元文之翻譯版本。

功，瑪莉因為殺了她的動物管理員而被判有罪——她在被管理員用鉤刺刺了之後踩踏管理員。

照你期望的，我們現在回到心理學的部分。

如果事物是跟個人相關就會比較容易記住，因此若有人告訴你一個新詞的意思，你可能會記得。如果別人問起這個詞是否適用在你身上，並且解釋這個詞的意思，你會更容易記住它。所以⋯⋯「豐腴的」就是胖的意思，你豐腴嗎？

你可能因為這個問題覺得被冒犯了，但至少你會記住它，即便是自己創造的連結也可能有用。醒悟（Anagnorisis）這個詞是指在戲劇中，當一個角色發現了改變一切的因素的那一刻，舉例來說，當伊底帕斯發現他殺了自己的父親並娶了自己的母親時。你殺了你的父親並娶了你的母親嗎？

把記憶組織化

如果你要把所有的財產都丟進一個大箱子裡——書、衣服、平底鍋、DIY工具、床單⋯⋯所有東西——人生會變得很難，而且這麼一來，當每次你想找一腳襪子，就一定得翻過所有榔頭、各種電話充電器跟洋蔥，通常我們會把擁有的東西歸類整理。

我們的記憶也是一樣的。如果記憶像一鍋大雜燴，車牌號碼、家人的生日、化學公式還有第一次世界大戰的相關數據全都在這一鍋裡面，我們要找出想要的記憶就會非常困難。所以

取而代之的，大腦利用基模（schema）來建構我們所知及所記得的。將基模引用到我們的思考模式是在1932年時，由英國心理學家弗雷德里克‧巴特萊特（Frederic Bartlett）所提出，並從此被廣泛地採用及改編。

你可以把刀具收納盤想成刀具基模。如果你能把新的資訊放進已經存在的基模中，這個新資訊就比較容易處理。當你拿到一支新湯匙時，知道要把湯匙放在哪，如果想要一支叉子，你知道要去哪找。不能放進基模的資訊可能被扭曲，或是很容易就被忘記，又或是會記錯，而如果新資訊夠重要，我們可能會修改這個基模，但通常我們對修改基模會感到抗拒。如果有人給了你一支冰淇淋挖勺，但你的基模沒有空間可以放它，你可能會把挖勺歸類到湯匙，或把它放在別的地方，又或者你會決定你不需要它後便把它丟了。

並非如你所想

　　大腦使用基模的強烈傾向，導致我們的記憶被竄改。當我們第一次遇到時，記憶可能被扭曲以便可以符合基模，基模會隨著時間建構及改變，而記憶便會更進一步地被竄改來更符合放進基模的形狀。舉例來說，有一種顯現出記憶扭曲的方式就是偏見。假設你看到了穿著帽 T 的年輕男子與一位年長的女性在街上爭執，而那位年長的女性手上拿了把刀。你很有可能在之後的描述中，講成穿帽 T 的年輕男子手上拿著刀，因為你會認為這是更有可能發生的狀況。巴特萊特調查了基模對記憶可信度的影響，他向一群學生講述了美國原住民的民間故事《鬼的戰爭》（見P.219對話框），接著在一年中讓他們重新回想及述說好幾次這個故事。他們全都認為自己正確無誤地複述了這個故事，但實際上卻改變了一些情節：

- 遺漏對自己來說無關緊要的資訊
- 改變了細節、順序及重點，以便符合對他們來說看起來比較重要的部分
- 合理化並說明一些看似沒道理的細節
- 更改內容跟風格，來讓故事更接近學生自己的文化背景

　　基模也會影響我們對狀況及地點的記憶。1981年，布魯

爾（Brewer）及崔恩斯（Treyens）分開要求三十個人在同個房間裡等待三十五秒，他們被告知那個房間是某位學者的辦公室，然後被要求回憶辦公室有什麼東西。大部分的人正確記得的物品是他們期待會出現在辦公室裡的東西，例如書桌，但他們忘了沒預期會出現的物品，例如鉗子。有些人記得的物品是他們預期會出現在辦公室，但實際上並沒有在那個辦公室的東西，例如書跟筆。古怪又沒意料到的物品，例如頭骨，則會被牢牢地記住。

不要忘囉

如果先前或之後有遇到其他類似的資訊干擾，我們可能就會忘了長期記憶裡的內容。這類困惑至少在相對較短的期間內，會隨著資訊量而增加，而不是因為時間拉長而流逝。關於這種困惑，目前還不明確到底訊息實際 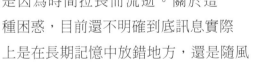 上是在長期記憶中放錯地方，還是隨風而逝，又或者我們就是無法存取。重新學習被我們忘記的事會比學習全新的還快，所以或許這些資訊還是儲存著，只是我們不更新路徑就沒辦法找到它。

《鬼的戰爭》

有天晚上，兩個伊古拉克（Egulac）的年輕男子走進河裡要去獵海豹，不久，他們聽見了戰爭的吶喊而心想著不遠處似乎有出戰前的聚會，於是便爬上岸邊並躲在一塊木頭後面。他們聽到了船槳拍打的聲音，並看到一艘獨木舟朝他們接近。獨木舟上有五位男子，他們說：「我們想要帶上你們一起往上游去攻打那邊的人。」兩名年輕男子的其中一位說：「我沒弓箭。」「獨木舟裡有弓箭。」舟上的男子們回答。「我不會跟你們去的，我可能會被殺掉，我的親人們會找不到我。但你，你可以跟他們去。」男子轉頭向另一個男子如此說。所以那個年輕男子就去了，另一個則回家去。而那些勇士們開始逆流而上前往位在卡拉馬（Kalama）另一邊的一個城鎮。城鎮的人們下來到河中開始戰鬥，並且死了很多人。但過了一會兒，這名年輕男子聽到其中一個戰士說：「快，我們回家吧，那個印地安人被射中了。」接著他想：「喔，他們是鬼魂。」年輕男子並沒有覺得不舒服，但他們告訴年輕男子是他中箭了，所以獨木舟就撤退了，而年輕人也回他自己的家。接著他告訴每個人：「你們看，我跟著鬼魂們去打仗。他們說我被射中了，而我一點感覺都沒有。」他講述了整個故事，接著便安靜了下來。當太陽出來時他倒了下去，某些黑色的東西從他嘴裡跑出來，他的臉孔扭曲。人們嚇了一跳並哭了起來，因為年輕男子已經死了。

在與初次接觸或學習的東西大致相同的情況下，我們更容易記住事情。所以在水下記住一連串字彙的潛水員，會比在陸上更容易記起那些詞。當在培訓人們緊急應對技能時，如果他們先在模擬的緊急狀況下練習，便更可能在真實緊急狀況時記住這些技能。

重現犯罪的影片常常會喚起證人的記憶，接著他們便能提供新的資訊。重現情境會幫助事件回憶。

可以更努力

如果你真的想記得某些事情——比如說想替考試複習——做這些事會讓你有更好的記憶力：

- 複習內容，至少從頭到尾讀過三遍，這會幫助將記憶轉換為長期記憶。
- 詳加說明，解釋這些資訊以便讓自己都搞懂。
- 將這些資訊套到一個情境或基模中，它才可以因此成為你知識基礎的一部分。

- 記住一些可以幫助你記憶的提示，例如自創一個幫助記憶的符號，或是把文字跟一段旋律結合起來。

當遺忘對你是好的

佛洛伊德相信，很多人焦慮及痛苦的來源是由於壓抑童年不愉快的回憶。他認為大腦用刻意遺忘或壓抑創傷的方式來當作保護機制，但這種遺忘是有代價的，要撫平創傷帶來的焦慮或憂鬱，患者需要心理治療師來發掘並處理受到壓抑的記憶。對於喚起過去的創傷到底是有益、還是有害，一直以來都存在著分歧的意見。並且，有些「挖掘」出來的記憶可能是被創造出來的，是受到分析過程的指示或是從患者的基模中建構出來的。

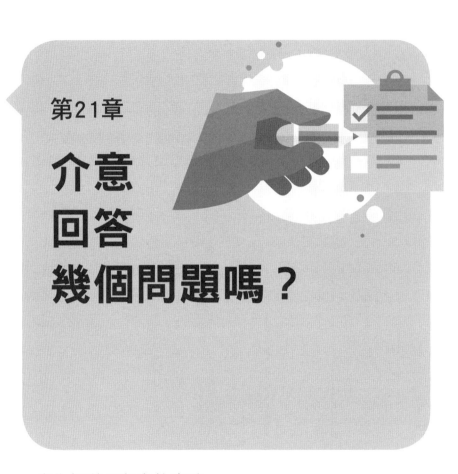

第21章

介意
回答
幾個問題嗎？

當你知道要留意什麼時，
人們用來吸引我們注意的技巧就很容易被發現。

很多人會說服你去做不是你真的想做的事。他們需要培養更多狡猾的技巧，以便爭取你的注意跟投入。那麼說服是怎麼運作的，它危險嗎？

你發生過意外嗎？

大部分的人都被電話行銷所擾，打電話的人——在某處的電話中心工作——並不認識你，或對你的認識很少，但他們必須在你掛電話前吸引你的注意。如果你一接起來就馬上掛掉，他們就輸了，但如果能讓你開口，他們就有機會。

他們可能會非常有禮貌地開場，問問你今天過得如何，如果你回答了問題，等同於開始花費精力在這通電話上，並開始與他們建立連結。對於自己才剛回應的對方，就會比較難掛掉電話。

他們可能會從編好的故事開始：「聽說你家有人發生了小意外……」此時不用擔心個資外洩，或是假設他們握有任何你的資訊，因為他們對每個人都這樣說，而其中有些人就是發生了意外。他們「知道」關於你的某些事

情，事實上就是要讓你覺得這跟自己有關係，那你就比較不可能掛掉電話。而如果你沒有發生意外，愈快掛掉電話愈好，因為你正占用了他們可以將意外時的解決方案賣給其他對象的時間。

他們可能說他們正在做一份問卷調查，並要求占用你一點時間。由於很多人都喜歡幫助人，也喜歡回答關於自己的問題（這就是為什麼我們會玩雜誌或網路上的心理測驗），一旦你一同意回答幾個問題，你就上鉤了，既然你已經花時間在這筆交易上，就不會想讓已經投入的時間報銷。

一腳已經跨進門

推銷員常用「一腳已經跨進門」的老招，原則上這跟「可以請你幫忙做個問卷嗎？」是一樣的方式。這個名稱源於1950～60年代常見的挨家挨戶推銷的業務員，他們從百科全書到吸塵器什麼都賣。據說當不感興趣的屋主想甩上門時，他們就會把一隻腳踩在門內，那隻腳給了他們開始喋喋不休的機會，而一旦開始了，便有可能賣掉東西。

每次只要你在街上停下來和收集問卷或愛心募款的人說話，也不拒絕電話行銷，或是收下人家發的傳單，你就是在讓別人把一隻腳踩進你的門。

你是好人？

不論對推銷員進一步想賣給你的東西有多不感興趣，你表現出來讓他們、更重要的是也讓自己看到你是個古道熱腸的人，我們喜歡認為自己是樂於助人的。只是回答一些問題就幫助這個人完成工作讓你感覺良好，並且對這位因為請你幫忙而讓你滿足開心的人有了連結，你不想要毀了這互動良好的感覺，因此，儘管只有非常輕微的程度，你會想要持續互動。

要五毛給一塊

很多的說服技巧是在玩弄我們如何看待自己。1976年，羅伯特‧西奧迪尼（Robert Cialdini）及大衛‧施瑞德（David Schroeder）進行了關於慈善捐獻的研究，學生們當起慈善募款人員挨家挨戶地為美國癌症協會募款。有些學生只請求捐獻，但有些則加上：「即使只有一分錢都有幫助。」而他們發現加上這句話術的人募得較多的金額，人們會想「我才不可能只給一分錢」，只給一分錢這種小氣的行為不符合他們覺得自己是善良大方的形象，結果便給出更多。透過促使人們思考「我不能只給一分錢」，他們便植入了願意更大方付出的想法，接著就只是付出多少而已。

引起他們的興趣

另一個技巧是挑起人們的興趣。1994年，桑托斯（Santos）、列夫（Leve）、普雷坎尼斯（Pratkanis）安排了任務給一名女研究員，要她站在街角向路過的人要零錢。當她單純地只是要零錢，44%的人會給錢。當她要二十五美

分，64%的人會給，但當她向路人要一個奇怪的金額時，例如十七或三十七美分，路人給的金額就會提高到七十五美分。因為這種要求不太尋常，因此便不會引出平常反射性的回應，人們會停下來思考，接著變得感興趣，然後捐錢。

沒那麼多！

另一個與「要五毛給一塊」相反的技巧，是先要求對方

幫一個很大的忙，等對方拒絕後再請他幫個小忙，這個手法是把你真正希望的要求放在比較小的目標上。

　　想像你今天希望請一位朋友去學校幫你接小孩，如果你先問她可不可以在你出遠門的時候幫忙照顧小孩一個週末，非常有可能會被拒絕。但如果你接著問她是不是可以去學校幫你接小孩並送回家就好，她大概會同意。這是因為看到某人讓步了，我們非常可能也會退一步，操弄這個手段很容易得到想要的。

　　如果你在趕時間，也可以兩種要求一次提出。大家都知道，若是在提出要求的方式中提供了一條比較簡單的退路，人們就會選那條，所以如果你說：「我想你應該沒時間載我去市區吧？」這個問題的預設回答是：「對」。如果你把自己真正想要的跟某些你不期待的事綁在一起，就很有機會獲得較小的協助，建議你換個問法：「你應該不可能載我到伯明罕吧，但是想麻煩你載我到車站，這樣我就能搭火車，可以嗎？」這種問法可能會幫你搭到進城的便車。

低球技巧（Low-ball technique）

　　作為一名銷售員，你通常會認為一開始先讓消費者低估所需付出的代價，在他們動心後，再揭露真正價格會很容易就嚇跑他們，但是，出人意表地，這很管用。最典型的就是與汽車銷售相關的例子，當你有興趣購入某款車子，在得到

報價後決定入手，接著所有的額外費用默默加進來，總價就愈來愈高，但你還是會買這台車。廉價航空也用一樣的手法，當點選了想要的機票，然後突然各種補充費用跟可以選擇的額外項目開始出現，從而推高了價格。在上面兩個例子中，如果我們覺得反正都決定要買了，便會遵循著步驟進行下去。

禁果與抗拒

有時候我們不想說服其他人去做或想要什麼，反而想要說服他們不要做或不想要什麼。這是很難做到的，因為一旦某件事看起來是被禁止或危險的，人們就會很想要。人類不喜歡行動上受限制，而且任何看起來像限制的東西都會產生「抗拒」反應——對要求或建議反對的反應。

布拉德‧布希曼（Brad Bushman）和安琪拉‧斯塔克（Angela Stack）研究了警語和訊息標語對人們如何應對暴力電視節目及高熱量食物的影響。

對於警告標語有兩種可能的互相衝突的反應：「壞果子」理論指出，我們會避開那些特別被標示對身體不好的高熱量食物，而「禁果」理論卻指出我們想要被認為不應該擁有的東西。研究人員還調查了未設標語、訊息標語（陳述事實）跟警告標語（陳述事實並指出風險）的不同影響，發現對於高抗拒反應的個人來說，警語很有吸引力，比起只提供事實的資訊，他們會更想要看標有警告的暴力電視或吃高熱量食物。資訊類標語通常採取相信你會善用判斷力的路徑，但警告標語總是直接了斷地告訴你該怎麼做，而我們不喜歡這樣。

第22章

權力是否會腐化人心？

如果你從來沒有獲得證明自己的機會，
便很容易認為自己是個有力的領導者。

這種事我們看過不下數次，某個人看來為人謙遜，但當成為公僕後沒多久，所表現出來的行為就像個腐敗的暴君。（沒錯，我們就是在說你，前辛巴威總統羅伯‧穆加比！）很明顯地，斯文的士兵們前往戰場沒幾個禮拜就敢轟炸無辜的村民、強暴年輕女孩、替毒氣室備援，或虐待伊拉克囚犯。他們是像美國國防部長唐納德‧倫斯斐（Donald Rumsfeld）所說，是壞了一鍋粥的老鼠屎嗎（美軍虐待伊拉克戰俘事件）？或者是一鍋老鼠屎壞了幾粒米呢？

招募囚犯

實驗心理學家菲利普‧金巴多（Phil Zombardo）在史丹佛大學設計一款實驗，研究讓參與者分別扮演警察或囚犯角色時的舉止，想要找出掌權者與服從者的位階如何影響行為。他想了解，如果讓好人陷入困境，他們會怎麼做？原先打算讓實驗進行兩週，結果，在僅僅六天之後他就縮減了實驗的天數，因為在受試者身上造成的影響是令人無法忍受的。

金巴多的實驗在1971年時進行，十年之後便是斯坦利‧米爾格倫對於服從性令人不寒而慄的發現（見P.130）。金巴多在媒體刊登廣告招募志願者，要他們來參與關於監獄生活影響的心理學實驗。他從七十位志願者中挑選了二十四人，這些人看起來精神相當健康且正常，也沒有任何心理傷害的

風險，他隨機指派他們獄警跟囚犯的角色，全部參與者都是美國或加拿大的男性學生。

角色扮演遊戲——囚犯

實驗從真實的逮捕情節開始。與研究人員合作的警察在週日早晨來到「囚犯」的家搜索並將他們上銬後押解進警車載走，這些過程都在鄰居的注目下進行，鄰居們也以為這是真的。開頭就很高壓是為了盡可能真實地重現嫌犯的真實經歷。

「囚犯」們被帶到真正的警局，接受戴著太陽眼鏡的真實警察登記，接著按壓指紋、拍照、矇眼，然後被留在牢房裡。

實驗裡的「監獄」由史丹佛大學心理學系裡的走廊改造，平常的門被有鐵條的門取代，而「運動場」則是封起來的走廊，沒有窗戶或任何自然光源、也沒有時鐘，囚犯須要在戒護下才能進出廁所。一個大小僅僅只能讓一名囚犯在裡面站直並標著「洞」的櫥櫃，則作為單獨監禁室，只有六十平方公分。當每個囚犯抵達時，他們都會被告知自己犯下罪行的嚴重性、被扒光檢查，並且被噴灑消炎噴霧。這聽起來很野蠻，但卻是複製德州一座監獄中的流程。

每名囚犯都穿著前後都有自己監獄號碼的囚衣，他們不被允許穿內衣褲，這部分不是複製監獄做法，不過是經計算

出來要製造出與監獄同等的羞辱及去人性化。囚犯隨時都要在單腳腳踝戴著腳鐐，這也是一樣目的，當時大部分的美國囚犯並沒有被銬上腳鐐，而取代剃頭的（像囚犯一樣）則是每個人都要戴著用長襪剪短的帽子。囚犯被提及或是互相之間都要用號碼稱呼，而不是名字，三個人住一間什麼都沒有的牢房，裡面的空間只夠放三張床。

警察跟獄警都戴著太陽眼鏡，這麼一來嫌犯便無法適度地與他們有眼神接觸。這增加了被孤立的感覺，並且避免嫌犯與他們形成任何一種連結。

角色扮演遊戲 —— 獄警

獄警沒有受到任何特別訓練，但他們被告知只要是看起來合理且必要的，不管用什麼方法都要維持監獄的秩序，同

時也被警告自己的職位在監獄裡的重要性以及可能的危險。獄警們都穿著一樣的卡其制服和反光的太陽眼鏡，脖子上掛著哨子，還有從警察那邊借來的「傢伙」（警棍）。總共有九個獄警輪班，一班三名，他們看守九個分散在三

間牢房的囚犯。額外的獄警跟囚犯則保持待命以防不時之需。

角色扮演遊戲——監獄生活

第一天的凌晨2:30，囚犯們被哨子聲吵醒，並且需要離開牢房參加「點名」。從那之後就經常點名，白天點、晚上也點，因為這是讓獄警樹立權威的方式。如果囚犯不遵守命令或規則，獄警是被允許懲罰他們的，常見的懲罰就是強迫囚犯做伏地挺身。金巴多留意到納粹集中

營裡，營區看守人也會對關在集中營的人做一樣的事。金巴多的其中一個獄警在囚犯做伏地挺身時踩在他的背上，或是叫其他的囚犯坐或站在他們同伴的背上。

造反

第一天囚犯們都遵守規則，第二天就造反了，他們撕爛自己的帽子並且把囚衣上的號碼撕掉，把自己關在牢房裡並嘲笑獄警。獄警們請求支援並朝牢房噴灑滅火器好逼他們離開牢房門（滅火器原始的作用是滅火，而不是成為武器）。為了平息動亂，獄警們打開了牢房門，扒光囚犯們的衣服並把帶頭的人關進單獨監禁室之外，還騷擾其他的囚犯。

特權vs懲罰

在獄警做出這些為了壓下叛亂的行為後，研究團隊發現他們無法繼續用九個獄警控制九個囚犯，因此獄警們碰了面並決定使用心理戰的方式取代身體上的控制。三名在造反活動中參與最少的囚犯被換到了「特權牢房」，並拿回了自己的衣服，還在其他的囚犯面前拿到了其他人完全吃不到的特別食物。過了一會兒，有些「好的」跟「壞的」囚犯在沒得到任何說明之下就被調換。這麼做的目的是要打破囚犯間的團結——換句話說就是分化與治理。這個方法見效了，囚犯之間開始互不信

任，懷疑某些被調換的「壞」囚犯是告密者。根據研究團隊雇來當顧問的前定罪顧問所說，相似的伎倆——種族間的緊張，在當時真正的美國監獄中常常利用來分化與管理。

除了分化了囚犯，獄警間也在處理叛亂的過程中建立了團結，他們現在視囚犯為自己所屬團體的威脅，於是開始更嚴格地控制囚犯，沒收廁所時間，然後不允許囚犯們倒空他們被迫用來當馬桶的水桶，還有控制香菸的取得，後者讓老菸槍非常痛苦。

崩潰

實驗開始後僅僅三十六小時，某位囚犯就開始崩潰了，他出現不理智的反應，無法控制地哭泣並陷入暴怒。監獄諮詢師批評囚犯太過軟弱，並且說明如果他是真的囚犯，他會碰到的各種虐待，接著向那名囚犯提出交換條件，要他成為線人來交換對他的寬待。研究人員花了一點時間，加上那名囚犯更多不理智的行為，才意識到這個人真的很痛苦而決定讓他退出實驗。研究人員事後驚嚇地發現，自己的思維居然

也融入了監獄的情況──認為那名男子是想要騙他們，因此沒有辨識出他真正的痛苦。

　　崩潰不只限於囚犯們或甚至實驗目標們，研究人員們也是，他們忘記了自己真正的身分，並且徹底地落入了監獄管理者的角色。當有傳聞說囚犯正在計劃大規模的逃獄時，研究人員們應該帶著興趣觀察，紀錄行為的模式。相反地，他們向監獄安全專家請益，並想出一個破壞的計畫。此外，金巴多還詢問當地警察，是否可以在他們計畫逃獄的那晚將囚犯們移到真正的監獄，警方拒絕了，此時金巴多的反應則是氣當地警方不願意合作。

　　他把囚犯們鍊在一起、頭套上袋子，並把他們挪到別的區域，然後自己坐在空蕩蕩的牢房裡，等待與準備要釋放「囚犯」的人們面對面。一名心理學家的同事經過時，向金巴多問起他實驗的獨立變數是什麼，金巴多惱羞成怒，但也

是要到事後才意識到自己也陷入了實驗的情境中了。

結果逃獄不過只是個傳聞。

獄警們對於浪費他們時間和被整感到不高興，因此用騷擾及處罰囚犯的方式來報復（報復他們沒有越獄！）。他們逼囚犯們空手清理小便斗，對他們做一些極盡羞辱的行為，包含模仿雞姦等等。

「我當時真的對他非常生氣。我的監獄即將要發生越獄事件，我方人員的安全及監獄的穩定都懸於一線，而這個時候我居然要面對一個天殺的、自由派學者，這沒用的白痴還在關心什麼獨立變數！一直到事情過去好一段時間後，我才發現當時的我陷入監獄角色有多深——比起做研究的心理學家，我思考的方式更像一個監獄的管理者。」

——菲利普·金巴多

遊戲結束

金巴多替自己覺得符合假釋資格的囚犯們舉行假釋聽證會時發生了兩件關鍵性的事。那位曾擔任假釋委員會主席的前定罪顧問表現得就像是十六年來一直拒絕放過自己的男人。而當囚犯們被問到自己是否願意繳出他們參加實驗到目前為止所獲得的酬勞，大部分的人都說願意——接著便順從地回到牢房，等待假

釋申請被委員會討論。其實他們任何一個人都大可決定馬上退出實驗（放棄他們的酬勞），但卻像真的囚犯那樣乖乖聽話，也單純地沒想到自己是可以停止實驗的。

當一名女性心理學家與五十個外來的參觀者一起來參觀實驗時，她對年輕人們被對待的方式表達了驚恐，金巴多此刻才意識到實驗已經走偏而決定中止，表訂十四天的實驗只進行了六天。事後金巴多表示，在第二次崩潰之後他早就該停止，但連研究人員都落入情境，被他們扮演的監獄長官角色所困住，恐怖至極。

爛蘋果還是爛桶子？

在實驗的最後時期，金巴多留意到有三種類型的獄警：

- 嚴格但公平的獄警，他們依照規定對待囚犯們

- 「好人」獄警會幫囚犯一些小忙，並且從來不會懲罰他們

- 「壞人」獄警帶著恨意，是虐待狂，並且會發明各種用來羞辱跟懲罰囚犯的方法。這些人似乎對能掌控囚犯感到津津有味，而且一有機會就會展現自己的權威，此外，他們自以為沒人發現，但隱藏攝影機卻拍到他們會在夜間沒來由地虐待囚犯。

金巴多在這些「好人」或「壞人」的檔案中沒發現任何可以讓他預測他們會是哪種人的資料。

囚犯們也分為不同群組，有些非常服從，用馬上服從命令的方式來避免麻煩；有些會起來反抗，在囚犯們的資料裡有比較多線索可以看出他們的行為。那些習慣紀律生活的人，比較擅於承受作為囚犯的壓力，並且比其他人能挺住更久。實驗中，有一個人在他的假釋聽證會被駁回時產生心因性紅疹，有四個人崩潰，囚犯之間的互動完全瓦解。

伊拉克虐囚事件的預兆

金巴多留意到他的實驗與美軍在伊拉克的阿布格萊布監獄虐囚事件中的相似性。事實上，某些相似的地方是非常令人吃驚的——扒光囚犯的衣服，讓他們頭上套著袋子站著，要他們模擬極盡羞辱的性交動作，這些手法同時被用在史丹佛與阿布格萊布。虐囚事件的矛頭被指向幾個「老鼠屎」，但金巴多爭論這不是一粒老鼠屎弄壞一鍋粥的情況，或許更像是整鍋的老鼠屎弄壞了米粒。我們讓人們陷入困境的情況促使他們——或是允許他們——做壞事。

實驗結束後數年，金巴多在伊拉克虐囚事件的審判上，以專家證人的身分出庭。當然，在阿布格萊布的獄警真的承受了壓力——他們處在戰爭的情況，要處理那些他們確信想殺了自己的人。但在史丹佛的「獄警」則沒有藉口，當實驗被暫停，

囚犯們不意外地感到非常高興，但獄警中卻有很多人覺得失望。即便在「好」獄警中，也沒有人替囚犯被對待的方式提出抗議，除了來參觀的女心理學家外（金巴多後來與她結婚），沒有人替囚犯們發聲。

> 「我沒把這看作是一個實驗或模擬，因為這就是個被心理學家管理的監獄。我開始覺得，那個當初決定要進監獄的我漸漸地離我遠去—— 他一直遠離直到我不是那個人，我是416。我真的變成我的號碼。」
>
> ——「犯人416號」，史丹佛監獄實驗志願者

邪惡的力量？

這個實驗若在今天不會被允許，它不會通過道德委員會那關。對囚犯和獄警來說都有嚴重心理傷害的危險—— 而就像實驗最後的結果，對研究人員來說，他們太深陷在自己的實驗中，以至於都看不見虛構出來的事情。

這看起來跟米爾格倫的實驗有點類似（見P.130），但兩者之間有顯著並且令人不寒而慄的差異。米爾格倫的實驗在測試人們是否會服從於他人並施加傷害—— 當出現了會對結果負責的威權象徵時，我們是否能加入殘酷的行列。人們願意對無辜的他人施行近乎致命的電擊，只因為他們被告知要這麼做，這樣已經夠糟糕了。

但史丹佛監獄實驗更令人覺得不安，金巴多用了「邪

惡」這個詞來形容人會對另一個人做出的事情。他所著關於這個實驗的書——《路西法效應：了解好人是如何變成惡魔的》，標題毫不掩飾。這個實驗揭露了人類

的黑暗天性——完全無任何理由就傷害他人的意願，甚至想出其他控制跟傷害別人的方法，只因為握有權力的一方可以這麼做。

「如果在某個地方有某些邪惡的人在陰險地作惡，那把他們從我們之間隔離開來並摧毀就是必要的。但分隔好與壞的那條線畫過我們每個人類的心臟。」
——亞歷山大·索忍尼辛（Alexander Solzhenitsyn），《古拉格群島》，1973

沒人知道這是你

金巴多的結論之一談到對個人進行「去個人化」並隱藏他們的身分，會使他們更容易陷入病態的服從或卑劣的殘酷行為，他說：「當人們在某種情況下是匿名時，沒人知道他們的真實身分（因此大概也沒人在乎），便能更容易地被誘

發產生反社會的行為。」

我們在社群媒體上看到的網路霸凌也是相同的效應造成的結果，在網路上，人們可以躲在匿名的身分背後，而不需要真正面對他們霸凌的對象。

去個人化是雙向作用的。囚犯們不論被扒光或是穿著制服，頭髮被剃光或藏起來，他們就不再是我們會同情的人，人們很容易被說服自己是不同的，不配獲得體面的待遇。如果這件事在三十六小時內就能輕易地發生在美國大學生之間，在戰爭或其他高壓的情況下你想會有多容易發生？

就像獄警們被去個人化的身分保護著，他們的反光墨鏡與制服將個人身分偽裝起來，囚犯們則是被去個人化身分變得脆弱。金巴多在這些情況下說過，過去跟現在消失了，只有當下的滿足才重要。人們不考慮後果或理由就行動，而沒有人能說自己不會這樣做，這正是為什麼這件事那麼令人驚恐。

「任何人類做過的任何勾當，不論多麼恐怖，在恰好的情況下，我們之中任何人都有可能做出一樣的事，而有這種認識不能替邪惡脫罪，它只是將罪惡普遍化，把責備分攤給演員們，而不是將之稱為叛變與專制的領域——他們是他們，與我們無關。史丹佛監獄實驗給我們的首要教訓，就是情境會引導我們做出我們事先不會、無法也不可能預知的行為。」

——菲利普·金巴多

第23章

你為什麼不趕快開始？

比起讀這本書，你是不是有什麼其他現在應該要做的事啊？

我們都有拖延症，即使現在有工作一定要完成，但我們卻是不能或不想處理，這個工作甚至不無聊或令人不快——但我們就是無法停止浪費時間並且始終不想進行這個很重要或緊急的要事。究竟為什麼人們會那麼愛拖延到願意讓自己陷入窘境中呢？

有時候我們會將事情拖到已經不太有足夠的時間來完成它，然而卻會在自己製造出來的時間壓力下表現得更好。從心理學來看，其實有時候我們真的需要休息，或是需要暫停時間讓我們的潛意識處理問題。

替換活動

做其他的事情來代替你本來要做或該做的事，這種行為被叫做「替換活動」（displacement activity）。不只是人類會這麼做，當動物們無法從兩個行動中抉擇要做哪個，或當牠們被強烈驅動要做的某件事被阻擋時，就會出現替換活動。有的鳥類遇到對手時會無用地啄草：牠們無法決定到底要對決還是逃跑，因而做出在這個情況中完全無用的某件事。有時候當我們試著要抉擇時會抓頭——那就是替換活動，當處在壓力下或掙扎於決定或問題時，有的人會咬或捲一搓頭髮，或是轉他們的筆，這些就是替換活動。

這跟把事情做好有關嗎？

拖延症是完美主義的產物，我們延後開始是因為怕自己做得不夠好——這是常見的誤解。事實上，這表示我們會用危害到工作完成的方式來推遲或避免失望、沮喪。對個人形象而言，這麼做比較容易，比起接受自己已經盡了最大的努力才起了個頭，覺得自己如果有努力的話是可以做好的比較容易，當然，危及工作也代表了危及任何在這件事上獲得成功的可能。但研究顯示，實際上拖延跟完美主義一點關聯都沒有，就算有，完美主義者也比非完美主義者更不會拖延。相對地，拖延症跟責任心則有強烈的關聯——並且有趣的是比起晨型人，它更屬於夜貓子會有的習性。

> 「『拖延症』是自願性地延後預計的行動，儘管可以預期這會讓延遲的情況惡化。」
> ——皮爾斯·史特爾（Piers Steel），加拿大卡加利大學教授

愛拖延的人較少專注在未來，即便對當下也有著比較宿命論及悲觀的觀點，他們似乎認為就算挽起袖子做事也沒有什麼意義，反正事情也不會出現好結果。

感覺良好的因素

上述聽起來滿悲觀的，但拖延症其實能帶給我們一些好

處來彌補較長遠的損失。它帶給我們立即的動力——我們當下會感覺開心，因為並沒有在做自己不期待的工作。大多數人的意志力都不盡人意，我們偏好立即的滿足勝於延後滿足，即使立刻滿足的程度比較低，這是「一鳥在手勝過百鳥在林」原則。如果你必須洗車、寫報告或整理買回來的東西，會很容易就把這些事先放一邊，然後開始看電視或上網。你可能會向自己保證一小時後或明天就會著手這無聊的工作，所以馬上就覺得輕鬆多了，因為你在做某些更想做的事，也因為計畫了要把任務完成而感覺好多了。你想像著工作已經完成的未來，因為在你設定的時間之後，這件事就會完成了。更甚者，我們在心理學家稱之為「情感性預測」（affective forecasting）上——想像未來某個時間點上的感覺——非常地糟糕。所以如果你計畫明天寫報告就會覺得開心多了，因為不用現在就寫，而且還會期待明天真的得做這件事時，會感到相似的快樂。遺憾的是你並不會。

早早上床……

「早早上床並早早起床，讓人健康、富有又聰慧。」

這句古老的格言被研究證實，早睡早起的人比較不容易拖延，因此能完成較多事情，也因而他們可能比較富有，肯定也在如何利用時間上比較聰明。他們很可能同時擁有比較健康的心智，而愛拖延的人比起不拖延者，整體來說承受較高程度的壓力跟焦慮。

只是為了刺激

有些人通常會把任務留到只能及時完成。他們是否能擺脫面臨迫在眉睫的時間底限壓力，以及隨之而來的腎上腺素激增？芝加哥大學的約瑟·費拉里（Joseph Ferrari）博士發現，有拖延症的人有兩種傾向：要麼他們只是因為不想做而拖延，所以這是正常的逃避行為，要麼是因為真的相信自己在壓力下表現得更好，因此等到必須得真正完成任務才不得不開始。費拉里認為，關於第二種拖延症，他們在追求自己承受壓力的刺激感，不過後來的研究指出，這並不是拖延的真正理由——這只是把拖延合理化。

來自加拿大卡爾頓大學的凱爾‧辛普森（Kyle Simpson）的研究發現，喜歡尋求刺激的人跟拖延症之間並沒有關聯。相反地，人們似乎相信或是這樣告訴自己，他們拖延是因為自己在壓力下表現得比較好，或很享受這種刺激，但事實上那只是他們缺乏行動力的藉口。當搶在最後一秒才做事的人中，只有少數人對自己拖到很晚才開始仍然感到開心。很多人都後悔自己拖延，或是他們對這個工作很有興趣，但對於沒有足夠的時間來好好享受它感到殘念。

甚至都還沒開始

《千古拖延症：一部明確的歷史》是本原訂由保羅‧里因巴赫（Paul Ringenbach）在1971年寫的、但從沒真的出版過的書。事實上，這本書根本就沒開始過——整個計劃都是個玩笑：一本關於拖延症的書，而他根本懶得下筆——但這本書最後還是出現在少數的參考文獻和參考書目中。

拖延症的反面

　　拖延症者始終無法開始行動，而當他們好不容易起步也往往是興趣缺缺跟心不在焉的狀態。與之相反的是「心流」（flow）或「化境」（in the zone）。「心流」是由匈牙利裔心理學家米哈里‧契克森（Mihaly Csikzentmihalyi）提出，「完全投入到某項活動中，自我會消逝，時光飛逝。每個行動、動作和思考都無法避免地與前一個步驟連貫，就像演奏爵士樂一樣，整個人是投入其中的，而且會將自己的技能發揮到極致。」

都怪你的大腦

　　拖延的傾向與前額葉皮質的傷害或活動低落有關。這部分的大腦在計畫、控制衝動及過濾大腦其他部分產生使人分心的刺激上扮演著很重要的角色。

　　大部分人的大腦前額葉沒有創傷或活動低落的現象，所以我們無法用這個當藉口，大部分人都是「短期主義者」（short-termists），因而會拖延一項具挑戰性、無聊或需要花時間的工作，以便可以做一些立即就有獎勵感的事——即

便這件事只有一點點或根本沒有長遠的價值。大部分的人拖延只是因為懶惰、缺乏意志力以及沒有動力，只是我們很難去承認這些，而一旦承認了，可能就會覺得自己真的需要動手開始，但是我們真的很抗拒。

第24章

你在eBay上搶標輸了，誰在乎啊？

即使沒有得到最想要的，
大腦也有技巧說服我們得到的就是最想要的。

想像一下：你在觀賞國際重要的體育賽事，正在幫國家隊加油，然後對手隊伍中有位成員做了個真的很漂亮的動作，你真心為他喝采。但等一下，你明明希望他們的隊伍輸啊！不不

不，你怎麼能希望他們輸，他們表現得那麼好？還有，你總是挖苦吃貨們經常去貴到沒道理的餐廳，但如果有人說要請你去附近有米其林星星的餐廳吃飯，雖然這有違你的原則，但你還是會很樂意答應，只是去試試看嘛，就這麼一次。如果你有過像這樣的經驗，你已經認識了認知失調，這是由利昂·費斯廷格在1950年代所提出。

人們對應該保護環境的信念與想要一台耗油汽車的欲望可能是互相衝突的。他們要麼不買車，要麼有時用搭乘大眾運輸工具的方式來表現自己的良心，要麼就合理說服自己這台車對環境造成的威脅不是所想的那麼嚴重。

無聊任務實驗

1959年費斯廷格與卡爾史密斯進行了一項研究人們如何努力調和自己的行為與信念之間的衝突的實驗。他們募集了幾位學生來進行任務，並告訴他們這是一個關於「績效評量」的心理學實驗。學生們被告知有兩組人在進行實驗，並事先向其中一組人進行任務簡報，以便讓他們對任務有特殊期待。但事實上是騙人的，真正的實驗是在任務之後。

指派的任務很單調乏味，學生們必須在一個盒子裡移動一些線軸持續半小時，接著必須再花半小時在木板周圍移動木釘。最後，研究人員分別謝謝每位學生並說有很多人覺得任務很有趣。

過了一會兒，研究人員回來，表現出尷尬又困惑的神情。他告訴學生，該向下一組學生進行簡報的人沒出現，並問學生們是不是可以幫忙。他們只需要告訴下一個人說任務很有趣，有些人收到一美金作為酬勞，有些人則收到二十美金。事後研究人員再次表示很多人覺得任務很有趣，也希望學生們能喜歡。

真的那麼無聊嗎？

在實驗之後接著進行面談，面談者提問的其中一個問題就是任務的愉快程度。請記住，這個任務真的非常非常無

聊，但研究人員與學生都表示實驗很有趣。不過真正有趣的，是僅收到一美金酬勞的學生比起收到二十美金的學生更覺得任務有趣。

> 「人類不是理性的動物，而是會把事情合理化。」
>
> ——利昂·費斯廷格

費斯廷格及卡爾史密斯用認知失調來解釋這個實驗的結果。收到二十美金的學生認為他們收到足夠的酬勞而願意撒謊，並將其視為公平的交易。但對於只收到一美金的學生來說沒有這種安慰效果，他們要麼得承認自己為了很小的獎賞而說謊，或是必須改變自己對任務的評價，衡量之後最好是承認自己對任務一開始的看法錯了──這個任務終究沒有那麼無聊。實質上他們需要的是挽回自己尊嚴的方法，而他們選擇的方式便是修正自己原本的經驗。

加入俱樂部

大家都知道愈難加入的俱樂部，會籍就愈值錢。儘管這個俱樂部可能實際上不怎麼樣，而且並沒有比很多其他俱樂部提供更好的設備，我們用說服自己這個俱樂部超棒的方式，來合理化為了加入俱樂部而必須付出的努力。1956年，艾略特·阿倫森（Elliot Aronson）及賈德森·米爾斯（Judson Mills）要求人們執行很丟臉或是稍微令人尷尬的任務後，才能加入有關討論性行為的群組。結果這個群組非常無趣（關

於討論動物的性行為），但那些費盡力氣才加入的成員們還是很樂在其中，他們需要說服自己努力是值得的。

鴿子的私人俱樂部

　　這個實驗的結果有另一種解釋，包括努力與獎賞間的程度差異會影響參與者的滿意度。這個解釋是由2007年一份研究報告所提出，這個研究顯示在鴿子之間也有同樣的行為。如果牠們取得食物很費力，通常會偏好兩種中較費力的那個方法。要麼鴿子經歷認知失調，要麼獎勵與努力之間的對比是個激勵因素。

據說喜劇演員格魯喬‧馬克思（Groucho Marx）曾發過電報給比佛利山莊的紳士俱樂部，電報中這麼寫道：「請接受我取消會籍。我不希望附屬於任何會接受像我這樣的人成為會員的俱樂部。」這是個關於認知失調的玩笑。他想要加入某個私人俱樂部，但他沒有自信。如果俱樂部願意讓他成為會員，這個俱樂部就沒有他想像的那麼獨特，所以就不想加入了。

啤酒喝下去，甜甜圈吃下去就對了

我們很少有人會需要謊稱某項任務無聊（除非我們畢生都在進行招募面試），但每天的生活中都充滿著認知失調的機會。我們可能決定要減重或是要吃得健康一點，但仍然在超市裡買了甜甜圈；我們可能下定決心不要喝那麼多酒，然後馬上又買了另一瓶紅酒，這就是信念和行為間的認知失調。我們也可能有行為上的認知失調——例如在同一趟購物行程中買了划船機、也買了甜甜圈。

有趣的玩具跟爛玩具

顯然不是只有成人才需要合理化自己的行為。卡爾史密斯參與了另一個研究，這次則是在1963年與艾略特·阿倫森合作，研究小孩子身上的認知失調行為。在每次實驗中會有一名小孩被放在一間充滿玩具的房間裡，其中有個玩具格外特別。孩子被告知可以玩除了那個特別的玩具之外的所有玩具，如果他們玩了特別的那個玩具就會被處罰。有一半的孩子被威脅會有嚴重的懲罰，另一半則是被告知會有程度較輕微的懲罰，實驗下來，沒有一個孩子玩那個特別的玩具。

接著所有孩子都被允許玩任何玩具，所有禁令都解除了。比起其他孩子，那些曾被以輕度懲罰警告的孩子比較不會玩那個特別的玩具。卡爾史密斯及阿倫森解釋，這些孩子需要合理化他們回應輕度威脅的自我監管機制，所以便說服自己那個玩具也沒什麼特別好玩的，結果當他們被允許玩時，也不會想玩。

在2012年一個以這個研究為基礎而加以變化的實驗中，四歲大的孩子們被放在相同的情境裡，遊戲時間開始後針對一部分孩子播放古典音樂。那些聽到音樂的孩子並沒有貶低該玩具在他們心目中有趣的價值，音樂以及其他一些外部刺激似乎會阻止減少不協調的條件。

「反正我也不想要……」

認知失調藏在許多看似微不足道的行為背後。例如你在拍賣網站上喜歡的品項被搶標，你便合理化這個情況，覺得還好自己不用花錢，或是說服自己其實也沒那麼想要。在工作上也是一樣的過程，為了移除失望的不協調想法，我們立刻就貶低那些失去的東西的價值。

當我們必須從兩個物品或行動中抉擇時，即使當下這個選擇顯得困難，我們仍往往在做出選擇時馬上就對自己所選的更具信心，大腦會鞏固這個選擇來避開不協調的感覺。

不是只有人類有這種合理化的現象。在2007年的一個研

究中，同時用了學齡前兒童及卷尾猴來做實驗，兩組受測者表現出一樣的行為。實驗一開始提供了兩種選擇給他們，接著又有另一組新選擇，這個新選擇中有一個物品是先前沒被選到的，另一個是外表一模一樣但新的物品，孩子跟猴子都選了那個新的。顯然沒被選到的東西不受青睞，因為他們已經拒絕過一次，第二輪怎麼可能還會想要它呢？

在伊索寓言中，狐狸因為吃不到葡萄因而決定葡萄八成是酸的，不值得吃。

大災難——世界沒有毀滅！

那些不屬於將信仰建立於末日將近的宗教狂熱教派的人，相當樂於嘲笑時不時就蹦出來的末日預言。費斯廷格與幾位同事決定研究當末日預言接近而末日沒發生時，對這些邪教信徒的影響。

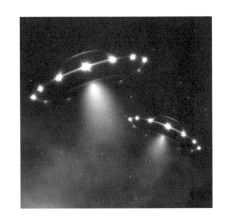

他們研究了一群稱之為「追尋者」的團體——相信世界會在1954年12月21日這天被大洪水毀滅。不用說，這件事並沒發生。這個由瑪麗安‧科奇（Marian Keech，本名為桃樂絲‧馬丁Dorothy Martin）帶領的團體，聲稱獲得來自一個叫克萊利恩星球的訊息，要民眾準備在大洪水來臨前乘外星人的飛行船離開。

信徒們展現了相當程度的投入，搬離原本的家、賣掉所有財產，並且離開他們的工作及家人。在末日來臨的前一天，脫掉自己身上所有的金屬物品，並等待應該在午夜到達來帶他們上太空船的外星訪客。午夜降臨又離開，外星訪客沒有出現，他們要怎麼回應呢？

一切安好……

凌晨四點，他們全都處在一片震驚的沉默中，科奇接收到外星人傳來的訊息，告知上帝決定放了地球一馬——他們這個團體讓災難遠離了。隔天，這個先前低調不公開的團體通知所有報社來報導他們如何阻止災難性洪水的發生。芝加哥當局對這件事不以為然，威脅要逮捕科奇並把她關進精神病院。

一如費斯廷格預測的，沒發生的世界末日並沒有摧毀邪教，反而使其在宣揚宗教的活動上更壯大。信徒們不但沒有意識到他們的預言是錯的，甚至更改了發生的事來符合他們的信仰——世界本來要毀滅的，但他們的良善讓災難遠離了。這個邪教超級棒，因為它做了如此強大的事情，所以他們對自己的投入可以更有信心，並且持續招募新成員。認知失調在這天大獲全勝！

第25章

微笑會讓你開心嗎？

微笑會使我們所有人感覺更好，這是真的嗎？

人們說，如果你微笑，你會感覺比較好，這聽起來有點笨。我們笑是因為我們開心——我們不是因為笑才開心。你人生中錯誤的事情不會因微笑而得到解決，但這麼想真的很顯笨嗎？還是這裡面有什麼真理存在？心理學家們認為這裡面終究有著些什麼東西值得了解。

你怎麼知道自己是什麼樣子？

我們透過觀察別人的行為及聽他們講話來決定這個人是什麼樣的人。如果看到某人在街上停下來給乞討的人錢、跟年長的鄰居說話，或幫陌生人撿掉落的東西，我們會認為這個人很善良、替人著想或者慷慨，這些是親切的、有同理心的、寬厚的人會做出的行為，相反地，如果看到某人粗魯地穿過人群，對吵鬧的孩子飆髒話，或在前方有年長者擋住去路時顯得不耐煩，我們對這個人就會形成負面印象。

如果我們透過行為來形成對他人的觀點，或許我們也用一樣的方式形成對自己的觀點，這叫做「自我知覺」（self-perception）——我們對自我的看法來自我們的行為。我們觀察自己，然

後基於所看到的總結出自己的人格特質、心情及態度。這聽起來很荒唐，確定是我們的行為展現出我們是誰，而不是反過來嗎？

> 「有時候你的快樂是你笑容的來源，但有時候你的笑容可以是你快樂的來源。」
> ——釋一行（Thich Nhat Hanh），禪學大師

1972年，社會心理學家，康乃爾大學的達里爾·貝姆（Daryl J. Bem）提出了自我知覺的理論作為認知失調的替代方案。這個理論也有著對它的批評，但現在看來，這兩種理論都有很多值得被稱讚的地方，它們在不同的時刻影響著人們。自我知覺或許能幫助人們形成對自己的觀點，而當人們需要做出與所形成的認知觀點相衝突的行為時，就會產生認知失調。當我們尚未對某種特定的態度投入過多時，自我知覺似乎能改變我們對自己的看法。

「我是會做這種事的人」

如果我們觀察自己的行為，然後覺得自己是會做那種事的人，理論上要改變不喜歡自己的地方應該很容易。但執行上，要改變是困難的，因為人們傾向相信行為實際上是更根深蒂固的——它們不僅僅是行為，而是人格特質。

如果你一整個禮拜都癱在沙發上看電視以及玩電動，你可能會想：「我真是懶惰，整整一個禮拜都在沙發上發

懶。」如果你不喜歡這樣的自己，接著你可能會想：「我必須改變，並且停止這麼懶散。」這是相當大的挑戰，對你的人格是一個開啟「結束」的改變，建議你這麼想會更有幫助：「我整個禮拜都在沙發上發懶。下個禮拜我不想再這麼懶散地度過了。」一個單純與一週活動有關的目標，比起一個似乎要求改寫你個性的目標，要不可怕得多了。

用不同的表現來變得不同

法國存在主義哲學家沙特（Jean-Paul Sartre）相信，我們一直都在決定自己能如何改變，以及自己可以是什麼樣的人。一個人是由他們的行為來定義，而且僅由其行為所定義。如果某人表現出懦弱的樣子，這個行為就讓他成為懦夫。如果他們不再那樣做，轉而表現勇敢，就是個勇敢的人。我們可能傾向於透過以往的經驗或基因來採取某種方式行事，但沒有什麼能強迫我們做出或持續表現出那個樣子。這同時是個讓人鬆一口氣、也感到繁重的哲學道理——你是什麼樣的人只能怪你自己。

改變你的主意？

有數個研究都顯示如果學生被要求寫一篇論文以支持或反對與自己相反的觀點，他們會傾向調整自己的看法以便更加符合他們做出的論述。

> 「我們是我們假裝出來的，所以要很小心自己假裝的是什麼。」
>
> ——馮內果（Kurt Vonnegut），引自《夜母》的前言

1970年，達里爾·貝姆與他的同事奇斯·麥卡諾（Keith McConnell）調查了學生們關於掌控自己課程的看法，要求他們寫一篇與自己論點相反的論文。

事後他們問了學生於研究一開始時的看法是什麼，得出來的結果與他們在研究前的答案不相符：他們調整了自己的看法，但堅稱從一開始就維持著一樣的觀點。

對廣告人以及其他以說服我們為業的人來說，那是個好消息。他們只要專注於一些我們沒有認真想過或是沒有強烈觀點的事情，讓我們思考、做或說出一些有利於他們希望我們持有的觀點的事情，我們就會相信自己一直以來都與那個看法有共鳴。

回到無聊

達里爾·貝姆改編了費斯廷格的無聊實驗——他讓人們進行一個無聊的任務（見P.172或P.254），參與者們會聽一

卷錄音帶，內容關於某個男人充滿熱忱地講述著一個無聊的任務。

其中一組被告知錄音帶中的男人為他的證詞收到了二十美金的酬勞，另一組則被告知那個男人的酬勞是一美金。參與者們被問到問題時，聽到酬勞是一美金的那組，比起另一組更覺得錄音帶裡的男人很享受進行任務。

這與費斯廷格從他的受試者中得到的結果相同──收到一美金的人比起收到二十美金的人在事後回憶任務時更覺得有趣。貝姆下了這樣的結論，費斯廷格的實驗對象做出的反應跟自己的一樣，但不同之處在於他們是從自身的行為而不是從其他人的行為作出推論。貝姆指出兩個實驗過程是相同的，不論目標對象是自己或另一個人，我們都是觀察行為然後推論有關態度的事情。

而再早一點……

早在貝姆的實驗之前，十九世紀威廉・詹姆士及卡爾・藍格（Carl Lange）獨立想出了一個難以想像

但現在已經眾所皆知的理論——「詹姆斯－蘭吉理論」
（James-Lange theory）。他們提出了每種刺激（某種我們感覺、注意或體驗的）都會對身體產生生理的影響，這個生理影響是經由大腦處理並產生情緒感受。生理上的反應是種反射動作，所以如果看到一隻熊向你跑來，你的手心可能會開始冒汗、心跳會加速，接著你的大腦會注意到這樣的反射動作，然後產生恐懼，而這個恐懼會讓你採取撤退的行為——恐懼通知了你關於行動的決定。

所以，微笑能讓你開心嗎？

關於是否單就微笑便能讓人們更快樂的研究，困難的地方在於有必要將生理上的微笑動作與可能激發人們更開心的刺激因素分開。用講笑話、稱讚他們或給冰淇淋來讓人們微笑是沒用的，因為上述這些都可能讓他們更開心。

一個以弗里茨・斯特雷克（Fritz Strack）為首的研究團隊，在1988年用了一個天才方法來讓參與者微笑。他們當初正在建構讓癱瘓的人可以進行溝通的新方法，在測試只用臉部肌肉握住鉛筆的幾種方式上需要有人協助研究進行。

有些參與者需要用牙齒夾住鉛筆，有些需要用嘴唇。前者的方式迫使他們面帶微笑，而後者則使他們呈現不開心的表情。接著再給參與者們看卡通，並請他們就好笑程度評分，「微笑」的參與者們認為卡通很有趣。

不給糖就搗蛋？

　　一個1979年進行的實驗指出，如果我們看得見自己，就更可能用一種自己認可的方式行動。研究人員在萬聖節孩子們出來挨家挨戶要糖果時，躲在多個地方觀察。如果屋子主人獨留孩子們在門廊，告訴他們可以從一堆糖果中選一個，33%的孩子會拿走超過一個糖果，但如果門廊放有一面鏡子，孩子們可以看到自己在做什麼，會拿超過一個糖果的孩子比例就降到4%。這顯示了孩子們不想被看到自己在做不誠實的事，即使是被自己看到也一樣，因為這麼一來，他們就會認為自己是不老實的。

你能成為恐怖分子嗎？

　　2010年，羅桑娜・古達尼奧（Rosanna Guadagno）等人調查了恐怖組織用來招募與訓練新成員的方法。其中一個策略是用「一腳跨進門」的手法（見P.224）來拉他們加入組織，一旦他們參與進來，新進成員便會被指派愈來愈難的任務，然後他們默默地就調整了自己對自身態度、目標與信仰的認知，以便符合他們採取的行動。當他們開始認為自己全心投入了，便願意從事更嚴肅的任務。那些任務確立他們對自己的觀點，然後不斷增強承諾與極端主義的循環就形成了。

真的還是假的？

　　一個關於前述研究修正後的版本在2002年被提出，它發現假笑（臉頰沒有提起）的效果低於「真」笑（臉頰有提起），並且微笑對人們如何感知正面的刺激有影響，對負面的刺激（令人不舒服或噁心的影像）則無影響。「真」笑仍舊對改變心情有效果，即使只是裝出來的——重要的是要使用所有必要的肌肉以便複製真的笑容。

　　所以，看來微笑似乎真的可以讓你更開心，這可能只是一個簡單的自我認知議題：我在微笑所以我一定是開心的。

但有些心理學家指出，因為微笑而會運動到顏面肌肉，這會改變通往大腦的血流，因而可能真的對大腦的化學變化產生了影響。

科學的微笑

經過官方認可的微笑叫做杜鄉微笑（Duchenne smile），這個微笑牽扯到提起嘴巴兩側的顏面肌肉，以及眼輪匝肌來讓眼睛眯起來，這種微笑被觀察者評價為最真誠的微笑。

皺眉比微笑用到更多肌肉是真的嗎？

　　很難說到底確實有多少肌肉在微笑及皺眉時被使用到，特別是每個人的微笑跟皺眉都不一樣。最容易辨識的笑容用到五組肌肉，而最容易的皺眉用到三組肌肉。如果你的目的只是要節省使用肌肉，皺眉是比較好的賭注。但那也意味著微笑是比較好的運動，所以或許該把它加入你的運動菜單裡？

第26章

孩子的
思想發展
真的「只是
一個階段」
嗎？

小孩的大腦有發展階段嗎？
或者他們的發展是累積及分層的？

你家的幼兒正在發脾氣，那個八歲的兒童正在對你回嘴，而你家的青少年正在不爽，因為他覺得你「毀了她的人生」。不用擔心，這只是個階段，他們都會從這裡面成長——大家都這麼說，但是，是真的嗎？

兩種從小成長的模式

我們習慣將童年視為不同的階段。在每天的日常生活中，這些階段有點參差不齊，有時候非常短且具體（尿床階段、黏人精階段），而有時候又似乎長到無止盡（易怒的青少年階段）。分「階段」的童年讓孩童像火車一樣經過一站又一站，接上乘客然後讓乘客下車。喔，快看，艾升氣（愛生氣）們上車了——他們會坐個幾站然後下車。

另一個模式指出發展是循序漸進的，在發展的過程中，新的技能跟能力是堆疊在舊的之上，最終結合成一種成人的方式來與世界接觸。已存在的方式不會被拋下，但更像是綜合在一起。

心理障礙：認知發展

認知發展（Cognitive development）是指我們如何獲取知識，或者如何學會事情。它觀察了從嬰兒到成人的成長中，如何獲得使他們能推測、儲存以及使用知識的心理技能和結構。

他們經歷的是一個階段

階段模式是奠基於瑞士發展心理學家讓‧皮亞傑（Jean Piaget，1896-1980）的理論。他依據兒童獲得的技能，以及他們能夠理解並與世界互動的方式，將幼童的學習分為四個階段：

0-2歲：感覺動作期——嬰兒只注意到自己及周邊的環境。他們高度地以自我為中心，而且完全不知道在看不到的時候還有某些東西存在著（稱為物體恆存），但1972年進行的實驗指出這個理論是不正確的。如果嬰兒伸手要拿給他的東西而燈被關掉時，嬰兒還是會繼續嘗試拿那個東西（被紅外線攝影機記錄下來）。

寶寶們很喜歡捉迷藏，因為他們很高興發現物體的恆存，可以預測物體再次出現，確認了他們的結論是正確的—— 在自己沒看到爸爸媽媽的時候他們還是存在著的。

2-7歲：前運思期——這個時期的兒童還是以外部的世界以及它如何運作為中心，但他們無法做出邏輯性的推測（這部分需要「運作」思想）。他們傾向一次只專注在一個物品或情境的一個面向。他們在想像其他人的觀點上會有困難（「心智理論」），他們不懂例如守恆原則，或是物品的群體跟次群體之間的關係。然而，近期的研究指出皮亞傑低估了孩子們的能力，一部分是因為他沒有設計好實驗。

　　7-11歲：具體運思期——兒童在這個時期可以理解例如數量和體積的守恆原則，但僅止於有可以展現在眼前的實際（具體）物質的幫助下。再一次於晚期的研究指出，皮亞傑並沒有將實驗設計為適合兒童，所以他又再次低估了他們的能力。

　　11歲以上：形式運思期——年輕人可以在他們的腦中處理各種概念，不再需要具體的東西來展現這些概念的存在。他們可以進行邏輯的推論、理解，舉例來說，如果A>B而B>C，那麼A>C必定是真的。

　　皮亞傑的測驗再次地受到批評，有些研究人員認為那些測驗太偏向特定文化。玻里尼西亞普盧瓦特環礁的航海員可以進行複雜的運思來替他們的獨木舟導航，但他們卻無法通過皮亞傑的發展測驗，因為這個測驗對他們來說不具意義。關於完成第四階段的普遍度也存在著不同意的意見，有些研究人員指出，只有三分之一的成人達到形式運思期。

建立起行為的積木

　　傑羅姆・布魯納採用了不同的切入方法，選擇使用發展模式而非發展階段。1966年他提出了三種會互相重疊的代表模式，建立起一組技能，這組技能不是互相取代而是直到成人時都還會被用到的。他反駁表示孩童們會建立一座心智的「鷹架」，這座鷹架以較舊的知識支撐新知識的方式來幫助他們學習。

　　0-1歲：動作性模式——嬰兒用動作來與世界互動，建立起「肌肉記憶」（例如學習如何揮手以及走路——除非是腦部受傷的情況，不然這些技能不會被忘記）。

　　1-6歲：映像模式——現實世界是透過影像及聲音來呈現的。

　　7歲以上：象徵性模式——資訊是利用象徵來儲存及運用的，例如語言及數學。

　　布魯納發現如果他們先向孩子講解，參與皮亞傑測驗的孩子們曾失敗的一些任務就能有更好的結果。例如在開始將水從一個又高又細的杯子倒進一個又短又寬的杯子之前，他先問他們如果把水倒過去，會有比較多、比較少、還是一樣

容量的水可以喝，然後孩子們就會給出正確的答案。有些孩子會說「你只是把水倒過去」──語言幫助他們發現將發生的事，也實際上促進了他們的發展。

結合所有的模式（動作性、映像、象徵性）幫他們更容易了解發生了什麼事。如果孩子用一球魔術黏土捏出不同形狀，並同時解釋自己正在做什麼，他們便已經理解了質量守恆，即使他們之前沒通過皮亞傑的測驗。

由內而外還是由外而內？

皮亞傑的模式是奠基於兒童由內而外按照順序的一套發展。雖然這個發展需要與環境以及和他人的互動，兒童

> 「*我們透過他人成為自己。*」
> ──李夫·維高斯基（Lev Vygotsky），
> 心理學家，1896-1934

卻是關鍵的元件與驅動者。布魯納則選擇了不同的觀點，讓環境及其他人的地位更重要，兒童的學習是由大人及其他兒童開啟的。

透過他們與他人的互動，兒童才開始賦予自己的行為與聲音意義。如果小孩要拿某個東西但拿不到，另一個人把東西遞給他們，他們便知道要拿東西的動作是用手比，這就是兒童們如何解釋這個行為。用手比就變成有它們自己意思的動作──由他人的行為給予的意義。這是一種「由外而內」的學習，透過外面世界的影響來幫助兒童建立起認知。

思考無法思考的？

有人的基模可以
被結構化的，所以要
與他們之間形成有用
的關係是不可能的。
舉例來說，有人對於
「婚姻」與「同性
戀」的基模可能讓他
們無法理解同性婚姻

的概念，他們看不出這兩個字要怎麼被放在一起，並且還具有意義。如果他們不願意或無法調整自己的基模來符合這個概念，就會抗拒同性婚姻。有趣的是，通常抗拒這類想法的人會用像「無法想像」或「無法理解」這類詞彙，而這正是這些概念對他們的意義所在。

如何建立有用的大腦

為了讓孩子們的大腦適應正常、獨立的生活，他們有很多準備工作。首先，得建立他們需要的基模以便建構知識（見第20章〈你進來這裡做什麼〉）。接著他們必須透過填補基模的方式吸取新知，並修正基模來安置不符合的資訊。幸運的是，他們不需要知道自己正在做這件事。

事實上，我們一輩子都在做這件事，有些人比起他人更有意願這麼做。當你遇見某人帶著非常根深蒂固的觀念，他們對任何不想知道的事很容易就用「胡說八道」來回絕，這就是所謂已經放棄建立基模的人，在他們的基模樣板裡，已經沒有空間可以留給網路銀行或是當代藝術等事，而且他們也無從開始思考。這跟了解過後才說「不了，謝謝喔」是不一樣的，這已經是「封閉的頭腦」，這種腦中的基模已經石化了。這種傾向在老年人身上很明顯，但我們有時候也會遇到即使是年輕人，但看起來卻好像不願意或無法接受新的想法。

當兒童長大一點，他們便有能力「思運」，這是一種高階的心理結構，它需要基模之間的關聯，思運讓複雜的理解變得可能。當然，我們也可以在抗拒新想法的人身上看到思運失敗的例子。

空白石板還是格式化的硬碟？

關於嬰兒的大腦有一個陳年的概念，叫做白板——一面空白的石板等著被寫上知識，但對於這個觀點有著許多的挑戰。直覺與反射動作天生就被內建在大腦中，嬰兒有吸吮的直覺，而且如果有機會他們在一出生就會這麼做。

有人認為，有些事情對嬰兒來說太難從零學起。可能有內建的基模已經準備好要被知識填補，所以與其說是片空白石板，嬰兒的大腦比較像是格式化的硬碟，配備所有的結構準備好要乘載知識。諾姆・杭士基（Noam Chomsky）舉了語言當例子，孩子出生就準備好要學習語言。他指出語言間的句法相似性，讓嬰兒可以拿自己家人使用的任一語言來填補他的語言基模。

較慢的大腦

兒童和大人的神經連接被一層叫做髓鞘的脂肪層隔開來，髓鞘會加速神經訊號的傳導。嬰兒的大腦中缺乏這種髓鞘，它會隨著神經系統的成熟而發展，所以嬰兒確實思考得比成人稍慢。孩子們的短期記憶或是「大腦空間」也很有限。

野性的孩子及錯過的機會

　　每隔一段時間就有孩子被發現獨自與野生動物生活，與人類隔絕開來。這種悲劇性的例子替心理學家提供了豐富的資料，他們可以在孩童接觸到其他人類、語言及正常人類活動和環境後，追蹤他們的發展狀況。

　　被狼群或野狗帶大的孩子，常常用四肢跑動、吠叫與咆哮，還有吃生肉，他們和他們的犬科手足有一樣的行為。有些孩子如果及早尋獲，可以融入人類社會，他們能學會語言、開始吃煮過的食物，並用兩腳站立走路。其他已經長久錯失與人類接觸的，可能永遠都學不會講話或融入人類社會。在六到十三歲之間似乎有一個分水嶺，如果孩子在那之前還不能學會語言，便可能永遠無法學會。

第27章

贏得頭彩——
值得嗎？

你會買樂透嗎？你想要贏得彩金嗎？
如果你選的號碼沒中的話可能還比較好。

你多常夢想贏得頭彩或其他非詐欺、搶劫等讓你瞬間致富的發財方式？我們很多人都已經列出如果突然有了大筆財富後要買的東西、要做的事情清單，而有很多行業及國營彩券餵養了這些夢。但這真的可以讓你開心嗎？還是你在浪費錢追逐一個實現後會變質的夢呢？

愚笨稅？

　　你為什麼會買樂透或是向莊家下注？你真的覺得自己可能會贏嗎？就算知道不會贏，你還是希望自己會贏嗎？還是只是「賭好玩的」？到底交出錢財來交換那贏得大筆金錢的渺茫機會，而且這筆財富可能會害得你很慘，這究竟有什麼樂趣？

> 「你買的真的不是一個機會，因為你要贏得頭彩是真的幾乎不可能。你買的是幻想贏得頭彩的權利。」
>
> —— 德瑞克·湯普森（Derek Thompson），美國大西洋報財經版主編

　　眾所皆知，很多賭博的人都負擔不起賭金。富裕的人有種傲慢的假設，認為賭博的人都很笨——他們把自己負擔不起的錢財浪費在實際上不存在的贏錢機會。但並不是這樣的，他們是在買某種確定與樂觀——夢想過更好生活的機會。買彩券就像是拿到了一本能離開為每日生活掙扎的護照，但那是觀光簽證，不是移民許可。在買樂透與得知失望

結果的數天或數小時間，彩券持有人被允許夢想一個更好的生活。這沒有比任何其他短暫的娛樂浪費錢，例如一杯紅酒或是一頓大餐，而且還比其他的娛樂更有益身體健康。買彩券的重點不是贏頭彩，而是贏頭彩的夢。

小心你許下的願望

　　大部分頭彩得主都搞砸了。研究發現有70~90%的美國頭彩得主在贏得頭彩的五年之內又破產了——而那並不是最糟的。除了貧窮之外，他們將錢花在毒品、酗酒、嫖妓、豪奢的物品以及不正當的生意，這讓許多得主染上身體或精神上的疾病、犯罪、自殺，甚至死於橫禍。有幾個人因為吸毒（或酒後）駕車而害自己或別人喪命。

　　大多數不習慣擁有大筆財富的人需要理財的協助——不然他們最終就會變得像那些行為脫序的富有童星。在樂透得主中，管理贏得樂透後的

人生上做得最好的人，往往是那些把錢用在良善事情上的人——將錢捐給慈善團體或設立基金會。但為什麼當我們得到自以為想要的東西時，卻無法應付這個情況呢？

全都有關聯

一個1978年由菲利普·布里克曼（Philip Brickman）及丹·柯慈（Dan Coates）在美國進行的研究，對樂透得主與事故癱瘓者的幸福水平進行調查——兩組經歷了生命巨大變化的人。他們也安排了一組控制組，這些人沒發生意外，也沒贏得頭彩。他們發現對比和習慣化這兩個過程，導致頭彩得主的幸福感低於我們的預期。

一路向下

三分之一的頭彩得主最後都走向破產——2011年麻省理工學院的研究發現，贏得五萬及十五萬美金並沒有讓財務困難的人避免破產，這只是延後了他們破產的時間，某個研究指出，現金資助並不是幫助掙扎之人的方法。

> 「派對結束，一切都回歸現實。我手上連兩毛錢都沒有，而那是我喜歡的方式。我發現以一週四十二英鎊維生比一百萬容易。」
> ——麥克·凱洛（Michael Carroll），曾贏得英國樂透頭彩獎金九百七十萬（一千六百萬美金）

1961年薇夫・尼科爾森（Viv Nicholson）在足球簽注上贏得當時高額的獎金十五萬二千三百一十九英鎊（相當於2014年的二百八十七萬英鎊）。她很快就把錢花光，最後還債務纏身並且身陷官司中。他五任老公中的其中一任開著她用彩金買來送他的車發生事故而身亡。尼科爾森的

照片成為了英國史密斯搖滾樂團的一張單曲封面，單曲名稱叫《天知道我現在多悲慘》（Heaven Knows I'm Miserable Now）。

高潮與谷底

當一個人感受到贏得樂透的狂喜和愉悅時，這通常是一種「高峰經驗」。在這之後發生的事很難與這種體驗相提並論，因此平常人們從小事中獲得的快樂便漸漸減少。從樂透得主身上發現，他們比起沒贏樂透的人更無法享受平凡的快樂。

這個道理不止能用在樂透得主身上，任何在事業上達到巔峰然後跌落的人——尤其是年輕時便達到巔峰的人——都必須面對這個問題。首相退位之後他要做什麼？為什麼前運動明星及前超模有時候會覺得自己的人生正在走下坡？達到巔峰的野心會導致一種空虛及缺乏方向的感覺。

為了某個目標奮鬥給了我們生活的意義，當我們達到目標時，這個意義就消失了。天文物理學家——約瑟琳·貝爾·伯奈爾女爵（Dame Jocelyn

> 「我把90%的錢花在女人、酒類和跑車上，剩下的也都浪費了。」
>
> ——喬治·貝斯特(George Best)，足球明星

Bell Burnell），她被排除在本因發現脈衝星而入圍的諾貝爾物理學獎外（諾貝爾獎委員會把這個發現歸功於她的論文指導教授，安東尼·休伊什 Anthony Hewish），伯奈爾說她很開心自己並沒有得獎，因為拿了這個獎之後還可以去哪呢？如果獲得諾貝爾獎，她之後就沒辦法那麼享受獲得其他獎項的快樂，因為那些獎項都沒辦法與諾貝爾匹敵。在那之後，她受到了許多榮譽的洗禮，包含了獲封爵位。

約瑟琳·貝爾·伯奈爾充分利用自己沒獲得諾貝爾獎的機會。

贏家的（壞）運氣

獲勝的時刻是種毒藥，因為它減少了未來的成功。但即

便是我們想像自己如果很有錢能享
受的快樂，也會隨著時間推移，
再加上我們習慣了而減少，習
慣化讓它們變得不那麼特別。

　　人們很快就習慣家裡總是
很溫暖，習慣了總是有最好的
食物，習慣了去最好的飯店跟餐
廳。顯然地，人們能習慣甚至厭倦出
入有司機用拉風的車接送，以及在有棕櫚遮蔽的海灘上啜飲
雞尾酒，這沒什麼特別的。

　　這同時也讓從小事獲得快樂變得更困難，例如被稱讚，
或是看自己最喜歡的電視節目。在前面提到的實驗報告中，
樂透頭彩得主比起控制組的人或遭受意外的人，從這些小事
中獲得的快樂比較少，他們也不期待未來自己能更快樂。長
期看來，頭彩得主的幸福感並沒有超越控制組。

　　當布里克曼與柯慈訪問發生嚴重事故者時獲知這些人在
事件發生後財務狀況常常急轉直下，而研究人員發現他們也
會對比自己之前與現在的生活，這樣的比較讓他們更悲慘，
特別是因為他們都用粉紅濾鏡在看自己過往的情況，回憶中

的生活似乎比當時真正的情形更愉快，而這更加提高了他們的失落感。

幸運數字？

　　有些人買樂透都買同一組號碼，且往往都選擇一些有個人意義的號碼，例如生日或是他們認為「幸運」的數字。當選擇的號碼愈多期沒出現，他們就覺得自己有愈大機會在近期贏得大獎。即便他們懂數學，仍然陷入某種迷樣的想法中，這種想法鼓舞了他們確信每個號碼一定都會輪到。事實上，隨機排序的號碼組合出現的機率並沒有比像1、2、3、4、5、6的出現機率高。

　　英國樂透網站發布了一個最常贏跟最少贏的數字清單，還有那些已經一陣子沒有出現的「過期」數字。但每次抽出當然都是隨機的，而且前一次抽出的結果不會影響未來的結果。持續一整年，每週都抽出同樣的六個號碼也是有可能的，只是非常不可能發生。

　　但如果你真的很想買彩券，想冒著贏得大量錢財的風險，不要挑那些大家都選的號碼，這意味著要避免遵循明顯的模式。當然，如果你想要贏得一般般的金額，以便風險控管贏得頭彩可能對你人生造成的傷害，那就挑前面六個質數，這應該可以保證如果你的號碼真的被抽出來，你就需要跟其他很多人平分彩金。

鴿子會夢到贏頭彩嗎？

　　你可能認為賭博是人類特有的行為，其實不然。如果給鴿子兩個選項，一個是有50%的機會有食物，另一則是75%的機會，鴿子們會強烈地偏好第一個選項。打賭帶來的刺激感似乎也顯現在鴿子身上，所以或許人們賭博產生的刺激感，在某種基本程度上是生物性的。當你買彩券時，你並沒有比一隻鴿子聰明……。

末頁

她是誰？
發生什麼事？
你記得嗎？

她出現在P.214
（第20章〈你進來這裡做什麼？〉）

「醒悟」是什麼意思？
還有，
你豐腴嗎？

如果你不記得醒悟是什麼意思，這個線索可能幫得上忙——你娶了自己的母親嗎？（P.215）

圖片授權

Anne Rooney: 195. Ansgar Walk: 11. Bridgeman: 185 (Private Collection/ Look and Learn). Bundesarchiv, Bild: 57. Carl Lender: 42. Clipart: 15, 31, 39, 40, 51, 105, 113, 153. Corbis: 37 (Ann Kaplan), 70 (Hulton-Deutsch Collection), 97, 103 (Bettmann), 181 (Sunset Boulevard), 187 (CinemaPhoto), 204 (Matthew Aslett/Demotix), 221 (CHIP EAST/Reuters). Foto Ad Meskens: 8. Gaetan Lee: 28. Getty: 84 (Time & Life Pictures), 131, 154 (NY Daily News), 173 (Fox Photos), 242 (NY Daily News), 298. Kobal Collection: 54, 100. Lorna Tilley: 60. Mary Parrish: 118t. NASA: 196tr, 196tl. National Photo Company Collection: 75. nyenyec: 49. OpenStax College: 20. Peter Trevaris: 16. Science and Society Picture Library: 299 (Daily Herald Archive/National Media Museum). Shutterstock: 7, 9, 10, 19, 24, 25, 27 (Monkey Business Images), 29, 33, 34, 36, 38, 46, 52, 58, 62, 63, 64, 66 (spirit of america), 67 (Joe Speer), 71t, 73, 77 (Antoine Begeler), 80, 87, 88, 91, 92, 94, 109, 114, 115, 116, 118b, 120, 123, 124, 125, 130, 133, 144, 149, 150 (Canada panda), 152t (PiXXart), 152b, 158, 160, 167, 170, 175, 177, 179, 180, 189, 192b, 203, 207, 209, 212 (Barone Firenze), 214, 215, 217, 218, 219, 223, 226, 227t, 227b, 229, 230, 233 (skyfish), 241, 243 (bibiphoto), 247, 254, 256, 257, 258, 261, 262 (Rob Wilson), 267, 270, 272, 273, 278, 279, 282 (Oleg Golovnov), 283, 285, 287, 289, 290, 293, 294, 296t, 296b, 300, 302. W. E. F. Britten/Adam Cuerden: 129. Wellcome Library, London: 6, 13, 47, 83.

國家圖書館出版品預行編目資料

15 分鐘心理學家：我們該如何思考、爲何思考、在思考
什麼？/ 安．魯尼 (Anne Rooney) 著；張瑋譯 . -- 初版 . --
臺中市：晨星，2020.10
面；公分 . -- (勁草生活；471)

譯自：The 15-minute psychologist (ideas to save your life)

ISBN 978-986-5529-45-1 (平裝)

1. 心理學 2. 通俗作品

170　　　　　　　　　　　　　　　　　109011589

勁草生活 471

15 分鐘心理學家
我們該如何思考、爲何思考、在思考什麼？
The 15-Minute Psychologist

作者	安．魯尼（Anne Rooney）
譯者	張瑋
編輯	王韻絜
封面設計	季曉彤
美術設計	陳柔含

創辦人	陳銘民
發行所	晨星出版有限公司
	台中市 407 工業區 30 路 1 號
	TEL：(04)23595820　FAX：(04)23550581
	行政院新聞局局版台業字第 2500 號
法律顧問	陳思成　律師
初版	西元 2020 年 10 月 1 日初版 1 刷

總經銷	知己圖書股份有限公司
	106 台北市大安區辛亥路一段 30 號 9 樓
	TEL：02-23672044 / 23672047　FAX：02-23635741
	407 台中市西屯區工業 30 路 1 號 1 樓
	TEL：04-23595819　FAX：04-23595493
	E-mail：service@morningstar.com.tw
	網路書店 http://www.morningstar.com.tw
讀者服務專線	04-23595819#230
郵政劃撥	15060393（知己圖書股份有限公司）
印刷	上好印刷股份有限公司

歡迎掃描 QR CODE
填線上回函

定價 350 元
ISBN 978-986-5529-45-1